U0120018

華志文化

華志文化

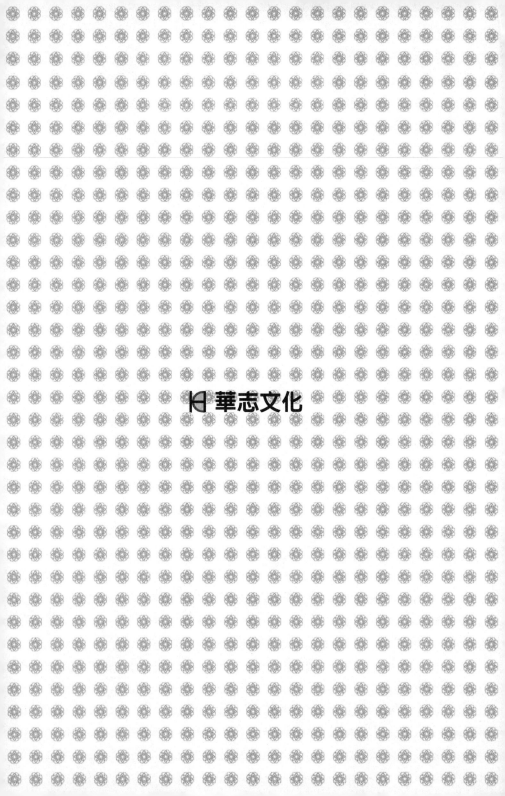

每天讀一點博弈術

事業成功將會大大的提升

活用博弈術能讓您高明的做事

每天懂一點心理學，您的人際關係將得到巨大改善
做事用一點博奕術，將會大大的提昇事業成功機率

如果我們能在生活中，多掌握一些使用博弈術行為處事的方法和技巧，那麼我們在對未來的駕馭上會更加出色，在激烈的社會競爭中，我們的思維會更加開闊，因而減少不必要的失誤，做事的完美程度也就更高了。**因此，博弈術是一種非常重要的做事智慧。**

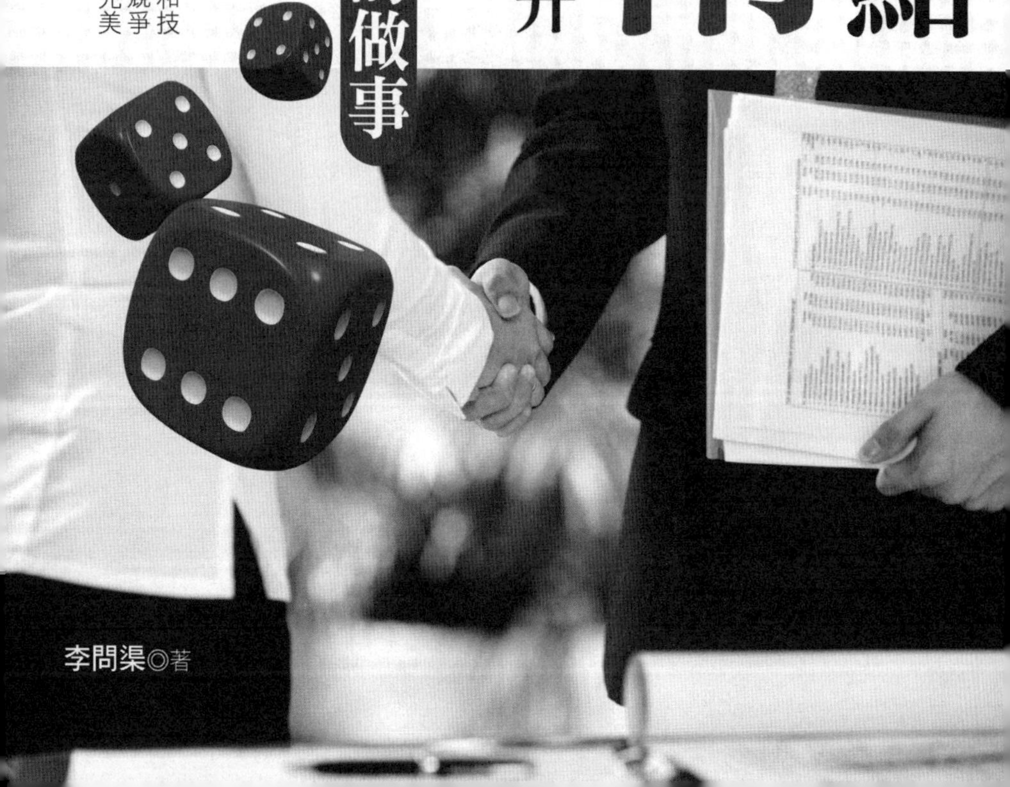

李問渠◎著

前言

做事的完美關鍵在於要懂得博弈術。博弈術現今被用於經濟、商業、管理等各個領域，由此可見，掌握做事的博弈術在我們所處的社會各個領域中將產生巨大的功用。

博弈術其實存在於我們每個人每天的生活中，只是不爲我們所知而已。正因爲它很少被人們在做事中所運用，所以，如果你通曉了做事的博弈術，那你做事的完美程度就會超勝於他人。如果做人、做事都成功，那你的人生將是完美的。

做事博弈術提醒您有一點非常重要的，就是細節功夫。一個人不管有多聰明，多能幹，背景條件有多好，如果不懂得做事講究細節，也就是細節博弈，那麼他最終的結局肯定是失敗。細節博弈術告誡我們，無論做任何事都要多用一點心思，將事情做到完美。

合作博弈的社會理論是彼此相關的人組成聯盟，構成利益共同體，彼此之間透過合作博弈，共同承擔風險與成功，從而形成一種社會平衡。可以說，二十一世紀不再是單打獨鬥的年代了，這個時代會因爲一種嶄新的局面而進行合作。這就是做事成功的博弈術之合作博弈，合作博弈講究的是合作共贏，不要一個人戰鬥。

如果我們能在生活中儘量多掌握一些使用博弈術行爲處事的方法和技巧，那麼我們在對未來的駕馭上會更加出色，在激烈的社會競爭中，我們的思維會更加開闊，從而減少不必要的失誤，做事的完美程度也就更高了。因此，從這個意義上說，博弈術是一種非常重要的智慧。

理解做事博弈術，運用做事博弈術，會使我們自身更加強大，在生活當中更加遊刃有餘。我們現代人要懂得理想的生活狀態就是來源於博弈術的合理運用。這裡有做事博弈術的精華，從博弈術的多面智慧來論述如何完美做事、如何讓我們更好地掌握生存之道，這將對我們的生存與發展發揮很大的作用。

本書爲您展示的就是做人的藝術性與做事的巧妙性。關於如何做一個成功的人，本書旨在引導我們從心理學的角度，在人生的事業、學習、工作、生活等方面，運用最佳的做人藝術，讓你成爲一個讓他人讚歎、讓自己佩服的成功人士；關於如何做事成功，本書從科學的博弈術角度，透過談判、競爭、細節、形象、時間分配等各方面，讓你在生活中成爲一個做事的博弈高手。

本書以趣味性的語言代替了枯燥的說教，以生動的生活案例替代了空洞的言論，是一本真正從生活細節、做人細微處幫助我們用博弈術技巧做事的高品味精神盛宴。讓我們以品鑑的眼光、品學的思想、品評的心態開始我們的心靈盛宴吧。

CONTENTS

每天讀一點博弈術：事業成功將會大大的提升

第三章　時間博弈——會管理時間的人最容易成功

第八章　談判博弈——準備充分，討價還價智慧大

第一章

形象博弈——換個形象，結果大不一樣

完美的形象可以讓你離成功更近，離美好生活更近。形象不是單指人們所說的華麗的服飾，施胭帶粉的妝容，當然在形象中，這只是其中很基本的元素。真正成功的形象，是展示出的自信、尊嚴與能力，擁有這些，不但能夠得到身邊的人、朋友、事業夥伴等的尊重，也能成功地向公眾傳達自身的價值、信譽。給自己換個形象，讓自己與成功零距離。

現代化的我們都知道形象對一個人的重要性，那麼我們怎樣利用形象博弈讓形象為自己的成功加碼呢？道理很簡單，換個形象，結果將大不一樣。這就是做事博弈術的形象博弈。

（一）好形象是笑傲江湖的資本

一個人具有好的形象很重要。因爲一個人的形象直接構成了別人對你的印象，直接影響到別人對你的口碑。良好的形象不是天生的，也不是輕而易舉就可獲得的，它是在與人交往中持之以恆、日積月累形成的。毫不誇張地說，好形象是笑傲江湖的資本。

好形象是人生的一種潛在資本，它有助於營建良好的人際關係，能使事業順達，促進成功。調查顯示，大多數人事主管會在十分鐘內對應聘者進行印象考核。而且，有百分之九十七的人事主管承認，對應聘者的印象可能會或肯定會對自己的招聘錄用決策產生影響。

有位資歷頗深的行銷專家諄諄告誡涉足行銷界的同仁們：在行銷產業中，懂得形象包裝，給人以良好的印象者，將是永遠的贏家。人都是重「感覺」的，印象往往決定未來的發展。如果在雙方初次見面時留下的是負面的第一印象，那麼，即使你的專業能力再強，你的個性或能力再好，也很難再有證明的機會了。相反，如果你給客戶留下美好的第一印象，你就有機會施展你的才華了。

因爲人們初次相識，總是會從一個人的外觀形象上來判斷這個人身處的階層、從事的職業以及爲人品行等等。一個不注重外表形象的人會與成功相距甚遠，而一個注重外表形象的人則離成功近在咫尺。好的形象會讓你在衆多競爭者中脫穎而出，會讓你先聲奪人，這是你做事成功的第一步。所以說，好的形象是你能夠通往成功大門的金鑰匙，它會讓你順利走向成功。

成功的形象，展現給人們的是自信、尊嚴和實力。個人形象是昂貴的，有的時候它價值連城。一個成功的形象不僅僅反映在別人的視覺效果中，同時也能喚起你內在沉積的優良素質，透過你的衣著、言行等讓你表現出一個成功者的魅力。

一九六〇年，在尼克森與甘迺迪之爭中，年輕、英俊、風流倜儻的甘迺迪渾身散發著領袖的魅力，他看起來堅定、自信、沉著，不僅能夠主宰美國的政壇，而且能平衡世界的局面。當他提出「不要問國家能為你做什麼，問一問你能為國家做什麼」的口號時，激起了美國人民上下一片的愛國熱潮。他不僅滿足了美國人夢中理想的領袖形象，而且創立了領袖形象的最高標準。

微軟王國的締造者比爾・蓋茲有這樣一段注重自己形象的故事：有一次他將在拉斯維加斯發表演講。自知演講不是他的強項，為了使自己以更好的形象出場，使演講產生更大的影響力與傳播力，他專門請來了演講博士傑里・韋斯曼為自己作指導。韋斯曼在演講輔導方面是一位專家，經驗非常豐富，曾經幫助幾個電腦公司的高層經理克服演講的恐懼感。他從蓋茲的演講詞到手勢、表情，都做了重新設計，他們在一起排練了十二個小時。蓋茲的這次演講，讓熟悉他的人們非常吃驚。只見蓋茲一改往日懶散隨意的形象，身著一套非常昂貴的黑色西服，他那又尖又直的嗓音雖然無法改變，但絲毫沒有影響他的演講效果。這場主題為「資訊在你的指尖上」的演講傳遍美國，獲得了巨大的成功，他的形象魅力值也迅速得到提昇。

記得一位小說家曾經說過：「每個人的臉上都寫著一個象徵著信譽的字母。」的確，良好的外在形象就是自己最好的廣告。塑造自己的良好形象，就是要注意自己的儀表美和個人風度。儀表美大體包含三層意思：一是指人的容貌、形體和體態的漂亮協調。二是指經過修飾打扮後，由穿衣著裝、外形設計所形成的美。天生麗質的幸運不是每個人都有的，而後天的儀表美卻是每個人都可以去追求和塑造的。三是指一個純樸高尚的內心世界和蓬勃向上的生命活力的外在展現，這是儀表的本質所在。

更何況，在今天越來越複雜、生活節奏越來越快的社會中，人們也沒有太多的時間去認眞地、深入地了解一個人，只能根據一個人的外表而產生對某人的印象。所以，爲了更好地適應現實，給與我們交往的人留下更好的印象，我們應該花一定的精力在自己的外貌上。雖然我們更要重視內在的實力，但如果你同時富有外在魅力，也會對你的事業有所幫助。

一位華裔投資商曾說：「我怎麼也不能相信那個穿著休閒鞋、牛仔褲，頭髮如同乾草，說話結結巴巴的小子會向我要五〇〇萬美金的投資，他的形象和個人素養都不能讓我相信他是一個懂得如何處理商務的領導人。」

不可否認，一個擁有好形象的人，容易獲得別人的認同與喜愛，畢竟每個人都有追求美好的天性，因此希望自己在職場中取得成功的人，不妨從爲自己塑造良好形象開始做起。一旦你的外表及穿著打扮給人深刻而良的好的印象，許多契機就會自然而然地產生。否則，形象將成爲你成功路上的絆腳石。讓我們都自覺地培養「形象意識」，從一點一滴做起，塑造好自己的形象。

（二）給人良好的第一印象，等於成功了一半

在我們懂得了注重塑造自己的好形象後，我們還要懂得重要的一點就是我們給人的第一印象。我們要想在他人心中長期樹立良好的形象，最重要的是打造好第一印象。

當你新到一個地方，與素不相識的人初次見面時，必定會給對方留下某種印象，這在心理學上叫做「第一印象」。從第一印象所獲得的主要是關於對方的表情、姿態、儀表、服飾、語言以及眼神等方面的印象。它雖然零碎、膚淺，卻非常重要。因為，在先入為主的心理影響下，第一印象往往能對人的認知產生關鍵作用。

研究表明，初次見面的最初四分鐘是印象形成的關鍵期。在現實社會中與人往來，我們切不可小看第一印象。心理學上有一個規律，在和比較陌生的人的交往中，他給我們的早期印象往往比較深刻。有這樣一個心理學實驗證明了這個規律。心理學家設計了兩段文字，描寫一個叫吉姆的男孩一天的活動。

其中一段將吉姆描寫成一個活潑外向的人：他與朋友一起上學，與熟人聊天，

與剛認識不久的女孩打招呼等；而另一段則將他描寫成一個內向的人。研究者讓有的人先閱讀描寫吉姆外向的文字，再閱讀描寫他內向的文字。同時，讓另一些人先閱讀描寫吉姆內向的文字，後閱讀描寫他外向的文字，然後請所有的人都來評價吉姆的性格特徵。

結果，在先閱讀外向文字的人中，有百分之七十八的人評價吉姆熱情外向，而先閱讀內向文字的人，則只有百分之十八的人認爲吉姆熱情外向。可見，人們在不知不覺中會傾向於根據最先接收到的資訊來形成對別人的印象。

這就是第一印象的作用。第一印象又稱爲初次印象，指兩個素不相識的陌生人第一次見面時所獲得的印象。那麼，第一印象眞的有那麼重要，以至在今後很長時間內都會影響別人對你的看法嗎？

事實上，人們總是由於對第一印象的信任，而寧肯忽視後來的印象。

在某銀行工作的女博士南茜由於穿著樸素，自我展示的能力平凡，因此在面試時，她的能力被低估和忽視。儘管出色的專業能力使她得以錄用，但她留下的那個普通、平凡的第一印象，卻成爲日後事業發展的障礙，這也讓她的上司感到遺憾。他說：「她看起來像個再普通不過的女人，但進公司後，她的專業能力是超乎我們想像的。不幸的是由於進來時的位置太低了，我們只能在那個基礎上爲她加薪。」

相反，由於美好的第一印象，生活會爲我們敞開機遇的大門。

碩士研究生還未畢業的蘇珊在一次學術會議中遇到了加拿大某諮詢公司總經理。蘇珊那高度專業的自我展示能力和流利的英語，使這位政治家出身的來自蒙特利爾的公司總經理立刻當場拍板雇用了蘇珊，而且還付給蘇珊博士高待遇的薪資。二十世紀九〇年代初，在經濟大蕭條的北美，蘇珊用自己留下的「第一印象」的金鑰匙，打開了在北美的事業大門。

由此可見，第一印象眞的很重要。人們對你形成的某種第一印象，通常難以改變。而且，人們還會尋找更多的理由去支持這種印象。有的時候，儘管你後來的表現並不符合原先留給別人的印象，但人們在很長一段時間裡仍然要堅持對你的最初評價。第一印象在人們交往時所產生的這種先入爲主的作用，被叫做首因定律。

心理學家研究發現，人們第一印象的形成是非常短暫的，有人認爲是見面的前四十秒，有人甚至認爲是前二秒，在一眨眼的工夫，人們就已經對你蓋棺定論了。有時，就是這幾秒鐘會決定一個人的命運。因爲在生活節奏緊張的現代化社會，很少有人會願意花更多的時間去深入了解、旁觀驗證一個留給他不美好的第一印象的人。

在心理學上，第一印象被稱爲「首因效應」。無論它是正確的還是錯誤的，大部分人都依賴於第一印象的資訊，而這個第一印象的形成對於日後的發展發揮非常大的作用。毫不誇張地說，第一印象就是效率，就是經濟效益，它比第二次、第三次的印象和日後的了解更重要，第一印象的好與壞幾乎可以決定人們是否能夠繼續交往。

美國勃依斯公司的總裁海羅德說：「大部分人沒有時間去了解你，所以他們對你的第一印象是非常重要的。如果你給人的第一印象好，你才有可能開始第二步；如果你留下一個不良的第一印象，很多情況下，人們會相信第一印象基本上準確無誤的。對於尋求商機的人，一個糟糕的第一印象就意味著失去潛在的合作機會，這種案例數不勝數，而你必須花費更多的時間才能夠抹去糟糕的第一印象。」

第一印象最重要，因爲它沒有再來一次的機會，大部分人對此深信不疑。習慣遲到的人在首次會見要人或是等待開發的客戶、公司總經理、子女的老師時，也會刻意準時；不修邊幅的人在應聘工作或首次約會的重要場合，也一定會刻意整修儀容，這是再簡單不過的道理。

大多數人都有以貌取人的毛病，所以給人留下好的第一印象是你做事成功的重要步驟。通常人們對你的第一印象良好的話，後面一連串的事情就很容易辦理；如果你沒有給人留下良好的第一印象，那麼想在第二次挽回是很難的。第一印象的好壞取決於你以後做事的順利與否，所以，我們一定要注意給人良好的第一印象。

（三）區分職業特徵，打造專業形象

每個人都是自己的CEO，在你取出名片之前，你的形象已經告訴了對方你是誰。我們每個人的職業不同，因此形象自然不同。那麼，我們該如何塑造屬於自己的形象呢？形象博弈術的教授就是要你懂得區分職業特徵，打造屬於自己的專業形象。

在人們的傳統意識中，一個人穿著白袍就容易被別人當成醫生，穿著法官服就又會把他聯想成既有豐富學識又高高在上的司法權威。最普遍的情形是，一個身著運動服的人總是會使人感覺到青春和活力，而各種制服和民族服裝無不被人們與某種特殊的形象氣質聯繫在一起。

在現代職場中，如果你已經具備所有重要的能力，卻依然得不到公司的重用，那麼你就應該檢視一下自己的個人專業形象。許多人認爲形象只是個人問題，與工作無關。這是一種錯誤的看法。因爲在辦公室中，你的形象必須與你的職場角色相符，否則，無論你多麼有學識，多麼有能力，都會失去許多重要的升遷機會，因爲你的形象會讓他人覺得「此人不堪重任」。由此可知，爲自己塑造一個成功的、符合角色的良好的專業形象是十分重要的。

只要你身處公司中，無論何時何地，你的穿著打扮、行爲舉止都必須與你的職場角色符合，因爲良好的專業形象是你成功的基石。懂得包裝自己，做好形象規劃，是現今社會裡不可或缺的技能。優秀的專業形象，能使你獲得更多的資源和成功的機會。擁有好的形象，不但能增加自信，而且可以提昇別人對你的信任，甚至增加自我和企業的競爭力。

艾斯蒂·勞達是世界化妝品王國中的皇后。她擁有幾十億美元的化妝品王國，是世界化妝品領域的精英。

但艾斯蒂出身貧窮，並沒有受過教育。最初，她以推銷叔叔製作的護膚膏起家。為了使自己的產品能夠多銷售一些，她不得不在大街小巷到處推銷。後來，她決定將產品定位在高檔商品上。可是，起初她的推銷並沒有什麼效果。

後來，她終於忍不住問一個決絕地購買她產品的顧客：「請問，您為什麼不購買我的產品呢？是我的推銷技巧有什麼問題嗎？」

那位顧客說道：「不是技巧的問題，推銷要什麼技巧？如果我覺得你在展示技巧，我就會將你趕出去。是你這個人不行，你看起來根本就是一個不專業的人，讓我怎麼相信你的產品就是高檔的呢？」

這位顧客的話語明顯對艾斯蒂·勞達有輕視甚至是侮辱的成分，雙方此時已經陷入了僵局狀態。艾斯蒂·勞達推銷的化妝品之所以沒有什麼效果，是因爲她自身的形象很糟糕所致。之後，艾斯蒂·勞達對自己的形象進行了一個全新的檢視和包裝，讓自己完全符合一個代理高檔化妝品的專業形象。從此以後，她的銷售業績直線上升，終於取得了締造自己的高檔化妝品帝國的顯要地位。

在現實生活中，我們必須要知道「佛要金裝，人要衣裝」。要懂得，富有魅力的著裝，會使自己在銷售過程中充滿自信，談吐自如，會在休閒的時候成爲一個亮麗的光點，因而會受到人們的青睞。同時也要注意，沒有得體的服飾，便沒有自己的良好形象。

艾斯蒂．勞達之所以被這位顧客批評爲不專業，完全是因爲自己沒有穿著得體的服飾，從而給這位顧客造成了她眼中低層次的印象。要知道，無論從事什麼行業，一個人的服飾可以折射出許多關於他的資訊，從服飾中，我們可以初步得到很多關於這個人的訊息，譬如這個人的個性、愛好、興趣、基本素養，修養以及品味層次等等。

一個人的專業形象塑造得成功，就等於塑造了屬於自己特質的核心競爭力，塑造了自己的專業品牌形象。品牌不僅僅是企業的事情，每個人都要打造自己的個人品牌，每個人都要根據自己職業狀況去塑造自己的專業形象。

比如你希望把自己塑造成一個專家，那你就要努力完善你的專業知識，同時也要努力塑造你的專業形象，因爲品牌包括核心的部分，也包括周邊的部分。有的人在知識內涵、知識量上已經夠稱爲專家了，但沒有人知道或者只在很小的範圍有人知道，這就是忽略了專業形象的塑造。

知名專家是有明星效應的，而知名專家都有很好的口碑，在媒體上都有很強勢的地位。所以，口碑、傳媒都要有效利用，不能忽視其重要性。

如果一個具有專業形象的職業人士能給人一種非常具有可信度的印象，他人就會認為你是一個值得信賴的專業人士，當然你做事就會很容易成功了。無論你從事的是哪種職業，也無論你是否喜歡你現在所從事的職業，只要是與他人打交道，就一定要給人留下專業的職業形象，這不但是尊重他人，也是尊重自己。可以說，具有專業的職業形象是一個人職場上成功與否的必要條件。

一個人的職業特徵決定了一個人的專業形象。要塑造具有自己特質的形象，就是要明確自己的職業特徵，以具有職業特徵的專業形象取勝職場，這就是做事要懂博弈術的巧妙之處。如果你還沒有成功地塑造自己的形象，那麼請從現在開始運用形象博弈術，了解自己的職業特徵，打造自我的專業形象。

（四）打造高雅氣質，提昇人格魅力

在當今社會中，要想成為為人處世的高手，不但要有良好的形象，更重要的是要有人格魅力，而為人處世的基礎就是你的人格魅力。人格魅力是指一個人在性格、氣質、能力、道德品質等方面具有的能夠吸引人的力量。在今天的社會裡，一個人能受到別人的歡迎、容納，他實際上就具備了一定的人格。形象博弈術的技巧就在於打造高雅氣質，提昇人格魅力。

氣質是指相對穩定的個性特徵、風格以及器度。性格開朗、瀟灑大方的人，往往表現出一種聰慧的氣質；性格開朗、溫文爾雅，多顯露出高潔的氣質；性格爽直、風格豪放的人，氣質多表現爲粗獷；性格溫和、風度秀麗端莊，氣質則表現爲恬靜……無論聰慧、高潔，還是粗獷、恬靜，都能產生一定的美感。相反，刁鑽奸滑、孤傲冷僻，或卑劣委靡的氣質，除了使人厭惡以外，絕無美感可言。

一個人的氣質是指一個人內在涵養或修養的外在展現。氣質是內在的不自覺的外露，而不僅是表面功夫。如果胸無點墨，那任憑用再華麗的衣服裝飾，這人也是毫無氣質可言的。反而給別人膚淺的感覺。所以，如果想要提昇自己的氣質，做到氣質出衆，除了穿著得體，說話有分寸之外，就要不斷提高自己的知識，不斷豐富自己的品德修養。

有一名人曾經說過：「氣質與修養不是名人的專利，它是屬於每一個人的。氣質與修養也不是和金錢、權勢聯繫在一起的，無論你從事何種職業、任何年齡，哪怕你是這個社會中最普通的一員，你也可以擁有獨特的氣質與修養。」所以說，氣質對每個人都是公平的。

氣質是你身上散發出來的代表你個人的訊息，是你區別於他人的特殊特徵。氣質對於每個人來說各不相同，我們通常都會從一個人的氣質上判斷一個人的性格特徵或者是喜好等等，不同的人有不同的氣質，如果你想做事成功，就必須打造高雅的氣質，高雅的氣質可以說是人際交往的必殺技。高雅的氣質能很容易地打入上層社會，進入主流人際關係圈，這就是成功的元素。

高雅的氣質不是學來的，而是培養出來的。一個好的生活環境，好的心態，才能培養出好的氣質。用培養氣質來使自己變美的女子，比用服裝和打扮來美化自己的女子，要具備更高一層的精神境界。前者使人活得充實，後者把人變得空洞。而最完美的恰恰是兩者的結合。氣質美，至少蘊藏著眞誠和善良。一個虛僞和惡狠的女人，很難想像她有什麼祥和與美好。

在現實生活中，有相當數量的人只注意穿著打扮，並不怎麼注意自己的氣質是否給人以美感。誠然，美麗的容貌，時髦的服飾，精心的打扮，都能給人以美感。但是這種外表的美總是膚淺而短暫的，如同天上的流雲，轉瞬即逝。如果你是有心人，則會發現，氣質給人的美感是不受年紀、服飾和打扮局限的。

總之，一個人的眞正魅力主要在於特有的氣質，這種氣質對同性和異性都有吸引力。這是一種內在的人格魅力。許多人並不是靚女俊男，但在他們的身上卻洋溢著奪人的氣質美：認眞，執著，聰慧，敏銳，這是眞正的氣質美，是和諧統一的內在美。做事博弈術是要懂得形象和氣質的重要性，在生活的點滴之中打造自己的高雅氣質，提昇人格魅力，從而成爲爲人處事完美的精英典範。

（五）增加個人涵養，讓你的形象加分

不可否認，你個人的價値幾何取決於你的形象價値，而你的形象價値又取決於你的個人涵養。個人涵養高則會爲你的形象加分，涵養低則會爲你的形象減分。所以個人涵養也是你做事成功的關鍵之處。形象博弈術告訴我們，要增加個人涵養，給自己的形象加分。

涵養是什麼？可曾見衣著光鮮風流倜儻者隨地吐痰？可曾見西裝筆挺、皮履鮮亮者面對路旁乞援的雙手、哀求的眼神卻掩鼻而後走過？涵養是衣著外表？是地位？是金錢？是名利？不是的，只有無知淺薄的人才會用各種看似有涵養的手段掩蓋自己思想的貧瘠。涵養是一個人發自內心的品格，是智慧散發的光芒。

涵養是一個人的美德。紀伯倫說：「大智慧是一種大涵養，有涵養的人才善於學習，我們從多話的人那裡學到了靜默，從偏狹的人那裡學到了寬容，從殘忍的人那裡學到了仁愛。」廣義地說，涵養是指人的身心修養功夫，同時也指控制情緒的能力，也有如何面對困難和挫折等等。受教育、求知識、廣見聞，都能提高人的涵養。有涵養的人講道理，講禮儀，講尊重，講恭敬，講謙虛，凡一舉手、一投足，都能見出他的修爲與教養。

普魯塔克的《希臘羅馬名人傳》中對於雅典的政治家伯里克利有這樣一段描述：「有一次，一個毫無教養的人，整天辱罵他，他在市場上正有要緊的事要辦，就忍耐著，一聲不吭。到了傍晚，他從容不迫地走回家，那傢伙仍舊跟在他後頭，辱罵不休。他進屋時，天色已經黑下來，他就吩咐一個僕人，打起火把，讓他好生送那人回家去休息。」這是何等的涵養！

良好的個人涵養能爲你的形象加分，這是毋庸置疑的。涵養不但是一個人智慧的展現，還是一個人良好形象的自然表現。良好的個人涵養不是與人第一次見面或者在外人面前裝出來的，是與生俱來的和後天家庭的薰陶。如果這兩個條件你都沒有，那你需要下功夫培養自己的良好涵養了。良好的涵養展現在你的舉手投足之間，展現在你做事的細節上。欲求做事成功的人，一定要在平時注重自己個人涵養的培養和提高。

那麼，有涵養者的形象是什麼樣子？有四點：

第一，聰明者不迷：一個聰明人不會被迷惑。這個世間能迷惑我們的東西很多，顯赫的聲名地位可以迷惑我們，充裕的財富金錢會迷惑我們，浪漫的愛情會迷惑我們，甚至他人的甜言蜜語、恭維尊敬都可以迷惑我們。如果是一個聰明的人，就能看透這些事物背後的虛妄不恆長，而不被迷惑。

在一次俱樂部舉行的盛宴上，一位年輕人斟酒時不慎將酒潑到一位老者的禿頭上。頓時，會場寂靜，倒是這位老者輕撫年輕人的肩頭，說：「老弟，你以爲這種治療能再生頭髮嗎？」全場立即爆發出了笑聲，人們緊繃的心弦鬆弛下來了，盛宴保持了熱烈歡樂的氣氛。

第二，正見者不邪：所謂正見，就是正確的知識見解，即使衆說紛紜，他都能堅守原則，不爲所惑。如果沒有判別正邪的能力，追求錯誤的信仰，花錢了事還算幸運，如果因而身敗名裂，家破人散，那就非常不值得。因此，眞正有涵養的人具正見，知道如何正確選擇自己的信仰，不會錯信與邪信。

秦穆公是春秋時期秦國的君主。有一次，他的一匹愛馬跑到了岐山腳下。村民們並不知道這就是國君的愛馬，便把它殺了，全村人都來吃馬肉。官差到處搜尋發現後，便把老百姓都抓了起來，準備嚴懲。秦穆公卻說：「一個眞正的君子絕不會爲一匹馬去殺人的。」他不但原諒了村民，還送好酒給他們喝，說：「吃好的馬肉，必須喝上等的酒。」村民們都很感激他。後來，晉攻打秦，秦穆公差點當了俘虜。正在危難之際，那些受過恩惠的村民自動組成敢死隊，爲秦穆公解了圍。秦穆公失去一匹心愛的馬，得到的卻是人民的擁戴。

第三，有容者不妒：一個有涵養的人，能夠包容異己，對於不同意我的人，不同的思想、種族、國家、語言行爲，都有包容的雅量。對於他人的成就、榮譽、聲名也不會忌妒。樂於歡喜他人的成就，不妒不忌。

邱吉爾繼任首相之後不久，有一天到下議院去演講。由於下議院裡的反對黨佔據了大多數的議席，所以會場裡的火藥味兒一直相當濃，邱吉爾的演講剛剛進行到一半兒，會場裡突然站起一位政敵，對著他大聲叫罵道：「垃圾！垃圾！」話音剛落，場下一片譁然，大家都被這突如其來的變故震驚得說不出話來，人們屏住呼吸，誰也不敢大聲喘氣，衆人的目光齊聚地注視著首相，看他究竟要如何回擊政敵。反對黨成員一個個喜形於色，等著看首相出醜，會場裡的氣氛頓時緊張到了極點。就在這千鈞一髮的時候，邱吉爾向對方招了招手，微笑著說道：「請這位先生先坐下，你所問垃圾等衛生問題，我會在接下來的時間裡回答你。」搗亂的人被邱吉爾噎得說不出話，尷尬地回到了自己的座位上。台下頓時響起了雷鳴般的掌聲，邱吉爾的演講也得以順利進行。

第四，心靜者不煩：有涵養的人在一天當中，會保留一個寧靜的時刻給自己，作反省、靜慮思維，摒棄心緒的繁瑣雜蕪，讓心靈獲得清明，才有足夠的智慧，正確明智地處理事情。正是所謂「知止而後有定，定而後能靜，靜而後能安，安而後能慮，慮而後能得。」

英國王室爲了招待印度當地居民的首領，在倫敦舉行晚宴，身爲皇太子的溫沙公爵主持這次宴會。宴會快要結束時侍者爲每一個客人端來了洗手盤，印度客人們看那精巧的銀制器皿以爲是喝水用呢，就端起來一飲而盡。作陪的英國貴族們一個個目瞪口呆，而溫沙公爵神色自若，一邊與衆人談笑風生，一邊也端起自己前面的洗手水，像客人那樣「自然而得體地」一飲而盡。接著，大家也紛紛效仿，本來要造成的難堪與尷尬頃刻釋放，宴會結果是預期的成功。

要提高涵養不是一朝一夕，而是在潛移默化中慢慢進步的。涵養的提高要經得起生活的折磨與歲月的考驗，「不是一番寒徹骨，怎得梅花撲鼻香」，「白玉須經妙手磨，黃金還得烘爐煉」。涵養必須要有信心毅力，經過長時間的磨練才能成功。形象博弈術教會我們在社會中做事要注意增加自己的涵養，從而爲自己的形象加分。

第二章

細節博弈——多用一點心思，做事做到完美

為人處事之道，相信很多人都或多或少地知道一些。但是我們常常會詫異於為什麼我們做事很努力了，但是到最後卻仍然沒有成功，您是否因此而百思不得其解呢？做事博弈術提醒您有一點非常重要的，就是細節功夫。一個人不管有多聰明，多能幹，背景條件有多好，如果不懂得做事講究細節，也就是細節博弈，那麼他最終的結局肯定是失敗。細節博弈術告誡我們，無論做任何事都要多用一點心思，將事情做到完美。

（一）大處著眼，小處著手

我們在社會中做事既要看到事物發展的大方向、大趨勢，又要在細微之處著手。如果事事都只知道關注小細節，沒有大局觀，那麼個別戰術行動上的成功也無法彌補整體戰略上的失誤。反之，如果事事總是只關注大局，不注意細節，那麼可能變成夸夸其談，毫無作爲。所以，細節博弈術的技巧在於做事時要講究大處著眼，小處著手。

「大處著眼、小處著手」是句大家耳熟能詳的諺語。但是，許多人雖然做到了前半句的「大處著眼」，卻忘了後半句的「小處著手」。畢竟，大處著眼式地夢想美好的未來，令人愉悅，面對必須流血流汗的小處著手，卻令人心煩。但是只要我們能夠堅持把每一件小事、每一個細節都做好，做得完美，那麼這些小事、小細節就能累積出成功的大事。

一隻新組裝好的小鐘放在了兩隻舊鐘之間。兩隻舊鐘「滴答」「滴答」一分一秒地走著。其中一隻舊鐘對新來的小鐘說：「來吧，你也該工作了。可是我有點擔心，你走完三萬一千五百三十六萬次以後，恐怕會受不了。」

「天哪！三萬一千五百三十六萬次。」小鐘吃驚不已，「要我做這麼大的事？辦不到，辦不到。」

另一隻舊鐘說：「別聽它胡說八道。不用害怕，你只要每秒擺一下就行了。」

「天下哪有這樣簡單的事情。」小鐘將信將疑，「不過如果真是這樣，那我就試試吧。」

小鐘很輕鬆地每秒鐘「滴答」擺一下，不知不覺中，一年過去了，它擺了三萬一千五百三十六萬次。小鐘每秒擺一下，不知不覺，在平凡中就完成了一件大事——走完了三萬一千五百三十六萬次。由此看來，成功也不是一件難事，只要我們努力做好每一件小事就可以了。但在做的過程中，尤其在一開始，我們不要被大事嚇倒，而要「大處著眼，小處著手」。

「大處著眼，小處著手」不僅僅是一句簡單的俗語。「大處著眼」是指我們的整個人生要有大的規劃，要有明確的大的發展方向。而「小處著手」則是指我們要親自動手完成人生路上的每一個目標的細節之處，切不可有眼高手低的弊病。大事的成功是在一個個細節成功的基礎上才有的，如果細節上不注意，小處上不重視，不肯放下手去努力完成的話，那何談大處的成功呢？

大家都知道世界著名速食業品牌麥當勞，這一品牌的成功塑造，不僅是企業創業者在創業之初就樹立的遠大的品牌目標，更來自於他的精益求精，在細節上下足了功夫。我們看一下它在細節上有哪些規定：

吸管：粗細當能用母乳般的速度將飲料送入口中為最好；

麵包：氣孔直徑為五毫米左右，厚度為十七公分時放在嘴中咀嚼的味道才是最好的；

可樂：溫度恆定在四℃時，口味最佳；

牛肉餅：重量在四十五克時其邊際效益達到最大值；

櫃台：高度在九十二公分時絕大多數顧客在掏錢付帳取食品時最感方便；

等待時間：不要讓顧客在櫃台邊等候三十秒，這是人與人對話時產生焦慮的臨界點。

此外，麥當勞對薯條的寬度、炸的時間、室內溫度，甚至連一張抹布擦桌子能擦幾次要翻面都規定得清清楚楚。可是反觀國內一些餐飲企業，很少有能夠做到這樣精細化、規範化的，也難怪我們的企業跟這些西方速食、「垃圾食品」無法抗爭。從某種意義上說，麥當勞賣的是一種美國文化和舒適愜意的用餐環境，而中國餐館賣的是菜的味道、種類和手藝，其實並不是直接的競爭。但是國內企業缺少的是麥當勞那種不斷地去琢磨消費者心理，細緻入微的工作態度，反而往往是比較浮躁，每天都喊著要打造品牌，可真要是落實到細節，又沒有那個耐心。

一滴水裡藏著大海，一種行爲改變人生。播下一些行爲，直至收穫一種命運。「大處著眼，小處著手」絕不是掛在口頭的口號，而是要落實在我們生活的每一個細節當中的。我們在社會中做事也是一樣，既要有使這件事成功的整體規劃，又要有對細節之處的重視和處理方法。無論是大處還是小處對於我們做事的成功都是至關重要的。

「大處著眼，小處著手」是科學地分析處理事情的有效方法之一，但是世俗往往是「小處著眼，大處著手」，所以我們做事情常常會失敗。大處著眼，是要求我們在做事情之時一定要全面客觀，找出事情發展的普遍規律，找出事情發展的大趨勢，這樣就不至於栽大跟頭，有大失誤。小處著手，是要求我們在處理事情的所有細節時一定要具體客觀，一人、一時、一事地具體分析事情的來龍去脈，最後作出決定。這樣大的方向把握住，局部問題又能完美處理，成功就會勝券在握。

大處著眼是從大局謀劃一件事，從小處著手是從細節中實施完成這件事，這兩個步驟是缺一不可的。沒有大處的著眼也就沒有小處的著手，大處著眼是小處著手的前奏，小處著手是大處著眼策略的具體實施，沒有了一方，另一方都是不成立的，成功是要兩者兼備的，兩者相輔相成，互爲作用。有了大處著眼，小處著手才能有的放矢，有了小處著手，大處著眼才顯得有價值有意義。

我們每個人都想成功，都想成爲爲人處事的高手，但是在當今社會高手林立的情況下，你又該憑藉什麼樣的武功秘笈才能在最終取得勝利呢，那就是要懂得做事博弈術。其中細節博弈的宗旨是要想做事做到完美，就要關注做事的每一個細節，注意「大處著眼，小處著手」，大處、小處通吃，那你就是做事博弈中的常勝將軍。

（二）機會藏在小事中，讓細節改變命運

細節不但跟我們所做的每一件事有關，更關係到改變我們命運的機會。我們常常抱怨命運的不公，抱怨上天沒有給我們均等的機會。可是我們在回視自己平凡人生的時候，是否想到了是由於沒有注重細節，才導致我們錯失了種種良機，從而影

響了我們整個人生的命運呢？細節博弈術告訴我們：機會藏在小事中，讓細節改變命運。

「泰山不拒細壤，故能成其高；江海不擇細流，故能就其深。」人的一生都是由一個個細節構成的。天下難事必成於易，天下大事必作於細。尊重細節就是珍愛生命，生命的品質，取決於對細節的尊重。大禮不辭小讓，細節決定著一個人的成與敗、喜樂與悲哀。所以，細節絕不可忽視。

一九六一年四月十二日，前蘇聯太空人加加林乘坐四、七五噸重的「東方1號」太空船進入太空遨遊了八、九分鐘，成為世界上第一位進入太空的太空人。他憑什麼脫穎而出？憑什麼能成為第一位進入太空飛船的人？原來，在確定人選的前一個星期，太空船的主設計師羅廖夫發現，在進入太空船前，只有加加林一個人脫下鞋子，只穿著襪子進入座艙。正是這個細小的舉動，一下子抓住了羅廖夫的心，他對這個二十七歲的青年立即產生了好感。他認為這個年輕人既懂規矩，又非常珍愛他注入心血的飛船，於是決定讓加加林執行人類首次太空飛行的使命。加加林透過一個不經意的細節，表現了他珍愛他人工作的修養和素質，也使他成為遨遊太空的第一人。

加加林的成功要歸功於他平時注意細節的把握，而平時對自己做事細節謹慎的累積使得自己在命運最關鍵的時候獲勝。其實加加林的這個動作只是他平時的一種習慣，但是從這個很普通的細節中我們可以看出加加林是個做事很謹慎的人，而在太空中行走除了要具備很多的專業素質，更重要的是要做事謹慎的態度。在同行業的競爭者中，我們比拚的不僅僅是專業素質的高低，還有更重要的是對細節的掌控能力。可以說，在眾多專業水準相當的競爭者中，誰越重視細節功夫，則誰最終獲勝的把握就越大。

看不到細節，或者不把細節當回事的人，對自身敷衍了事、缺乏最起碼的認真態度，其結果不過是掩耳盜鈴、自欺欺人，終將誤了自己的一生。而考慮到細節、注重細節的人，不僅認真對待生活，而且注重在做事的細節中找到機會，從而使自己走上美好的生活之路。

十九世紀的某一天，一輛急駛而來的馬車在法國巴黎一所豪華府第門前停下，車上走下了著名醫生雷內克，他被請來給這家的貴族小姐診病。面容憔悴的小姐，坐在長靠椅上，緊皺著雙眉，手捂胸口，看起來病得不輕。等小姐捂著胸口訴說病情後，雷內克醫生懷疑她染上了心臟病。

若要使診斷正確，最好是聽聽心音，但是，當時的醫生都是隔著一條毛巾用耳朵直接貼在病人身體的適當部位來診斷疾病的，而這種方法明顯不適用於年輕的貴族小姐。雷內克醫生在客廳一邊踱步，一邊想著能不能用新的方法。

走著走著，雷內克醫生的腦海裡突然浮現出前幾天見到的一件事。那是在巴黎的一條街道旁邊，幾個孩子在木料堆上玩兒。只見一個小孩走到一段長長的木柱一端，用手裡拿著的小鐵釘輕輕地敲打木頭柱子，另一個小孩走到木柱的另一端，並把耳朵貼在柱上，小孩敲打柱子後，只聽另一端的小孩喊「聽到了，聽到了」。

雷內克醫生路過這裡，覺得很奇怪，只用鐵釘很輕地敲打，聲音怎麼能清晰地傳到另一端呢？他興致勃勃地走過去問：「孩子們，讓我也來聽聽這聲音行嗎？」孩子們愉快地答應了。他把耳朵貼著木柱的一端，認真地聽孩子們用鐵釘敲擊木柱的聲音，果然聽到了清晰的敲擊聲。

想起這件事，正在為貴族小姐診病的雷內克醫生靈機一動。他馬上找來一張厚紙，將紙緊緊地卷成一個圓筒，一頭按在小姐心臟的部位，另一頭貼在自己的耳朵上。果然，小姐心臟跳動的聲音，甚至其中輕微的雜音都被他聽得一清二楚。他高興極了，告訴小姐已經確診病情，並且一會兒可以開好藥方。

雷內克醫生回家後，馬上找人專門製作了一根空心木管，長三十公分，口徑〇・五公分。為了便於攜帶，從中剖分為兩段，有螺紋可以旋轉連接，雷奈克將之命名為「聽診器」，直到今天還在使用。

小小的細節當中包含著成就大事的機會。一顆蘋果落地，牛頓發現萬有引力；開水壺的蓋子被蒸汽頂起，瓦特發明蒸汽機……很多發明成果的起因，看起來都是一些微不足道的小事。但是那些偉大人物和成功人士，他們懂得從細節著手找到成大事的機會。

二十世紀世界最偉大的建築師之一的密斯・凡・德羅，在被要求用一句話來描述他成功的原因時，他也只說了五個字：「魔鬼在細節。」細節的準確、生動可以成就一件偉大的作品，細節的疏忽會毀壞一個宏偉的規劃。人生也是如此，無論你的志向、理想多麼偉大，人生之夢多麼絢麗多彩，沒有細節做基石，一切皆是空談。因此，我們必須改變心浮氣躁、淺嚐輒止的習慣，時時注重細節、把握細節，以務實的精神改變我們的人生命運。

細節又恰恰是我們最容易忽略和放棄的，因爲它顯得那麼微不足道，我們常常會全力關注大處，卻對細節之處採取無所謂不在意的態度。可是，一件成功的大事是由無數個微不足道的小細節組合而成的，完成了每一個小的細節才是一件大事的成功。小細節決定著大事情的成功，沒有小細節的關注就沒有大事情的成功。細節是成功的一個台階，當完成了每一個細節的時候，就是登上成功頂峰的那一刻。

機會對我們每一個人都是平等的，命運對我們每一個人也都是公平的。要想自己的人生更輝煌，那麼就得從現在開始，做事時關注藏在小事中的機會，讓細節改變我們的命運。做事成功要善於把握細節博弈，要懂得機會藏在小事中，讓細節改變命運。

（三）粗心大意，失敗的罪魁禍首

人們都有這樣的思想：只想做大事，而不願意或者不屑於做小事。因而，想做大事的人太多，而願意把小事做好的人太少。實際上，隨著經濟的發展，專業化程度越來越高，社會分工越來越細，眞正所謂的大事實在太少。所以，許多人所做的工作都只是一些瑣碎的事、具體的事、單調的事，它們也許雞毛蒜皮，也許過於平淡，但這就是工作，這就是生活，這就是成就大事不可缺少的基礎。而如果在成就大事中對諸多的細節不加以重視，粗心大意的話，必定導致失敗的結局。細節博弈術警示我們：粗心大意是失敗的罪魁禍首。

不管是做人還是做事，都要注重細節，從小事做起。在環環相扣的工作過程中，一處似乎可有可無的細節，一件看起來微不足道的小事，或者一個毫不起眼的變化，往往可以決定工作的進展狀況，甚至改變你的職業前景。比如，一輛福特牌小汽車，有上萬個零件，需上百家企業生產合作；一台耕耘機，有五、六千個零部件，要幾十個工廠進行生產合作；一架「波音七四七」飛機，共有四百五十萬個零部件，涉及的企業公司更多。

下面的案例就是因爲做事粗心大意而導致整船人全體喪命的悲劇。當巴西海順遠洋運輸公司派出的救援船到達出事地點時，「環大西洋」號海輪消失了，二十一名船員不見了，海面上只有一個救生電台有節奏地發著求救的摩斯密碼。

救援人員看著平靜的大海發呆，誰也想不明白在這個海況極好的地方到底發生了什麼事，從而導致這條最先進的船沉沒。這時有人發現電台下面綁著一個密封的瓶子，打開瓶子，裡面有一張紙條，二十一種筆跡，上面這樣寫著：

一水手理查：三月二十一日，我在奧克蘭港私自買了一盞檯燈，想給妻子寫信時照明用。

二副瑟曼：我看見理查拿著檯燈回船，說了句「這個檯燈底座輕，船晃時別讓它倒下來。」但沒有干涉。

三副帕蒂：三月二十一日下午，船離港，我發現救生筏施放器有問題，就將救生筏綁在架子上。二水手大衛斯：離港檢查時，發現水手區的閉門器損壞，用鐵絲將門綁牢。

二管輪安特耳：我檢查消防設施時，發現水手區的消防栓鏽蝕，心想還有幾天就到碼頭了，到時候再換。

船長麥凱姆：啟航時，工作繁忙，沒有看甲板部和輪機部的安全檢查報告。

機匠丹尼爾：三月二十三日上午，理查和蘇勒房間的消防探測器連續報警。我和瓦爾特進去後，未發現火苗，判定探測器誤報警，拆掉交給惠特曼，要求換新的。

機匠瓦爾特：我就是瓦爾特。

大管輪惠特曼：我說正忙著，等一會兒拿給你們。

服務生斯科尼：三月二十三日十三點，到理查房間找他，他不在，坐了一會兒，隨手開了他的檯燈。

大副克姆普：三月二十三日十三點半，帶蘇勒和羅伯特進行安全巡視，但沒有檢查理查和蘇勒的房間，說了句「你們的房間自己進去看看」。

一水手蘇勒：我笑了笑，並沒有進入房間，跟在克姆普後面。

一水手羅伯特：我也沒有進房間，跟在蘇勒後面。

機電長科恩：三月二十三日十四點，我發現跳閘了，因為這是以前也出現過的現象，沒多想，就將閘合上，沒有查明原因。

三管輪馬辛：感到空氣不好，先打電話到廚房，證明沒有問題後，又讓機艙打開通風閥。

大廚史若：我接馬辛電話時，開玩笑說：「我們在這裡能有什麼問題？你還不來幫我們做飯？」然後問烏蘇拉：「我們這裡都安全吧？」

二廚烏蘇拉：我回答：「我也感覺空氣不好，但覺得我們這裡很安全。」就繼續做飯。

機匠努波：我接到馬辛電話後，打開了通風閥。

管事戴思蒙：十四點半，我召集所有不在職位的人到廚房幫忙做飯，準備晚上餐會。

醫生莫里斯：我沒有巡診。

電工荷爾因：晚上我值班時跑進了餐廳。

最後是船長麥凱姆寫的話：十九點半發現火災時，理查和蘇勒房間已經燒穿，一切糟糕透了，我們沒有辦法控制火勢，而且火越來越大，直到整條船上都是火。我們每個人都犯了一點錯誤，但釀成了船毀人亡的大錯。

一個大的悲劇，只因二十一個人在本職工作中對二十一個小「細節」的疏忽。單純地看，二十一個人每人只錯了一點點，但卻造成了「萬劫不復」的嚴重後果。

對工作中的任何小事及細節，絕不能採取敷衍應付或輕視懈怠的態度，這樣才能從根本上防止和避免危害和損失的產生。否則，如果始終不拘「小節」，不屑處理細節，只會因小「疵」而掩了大「玉」，毀了自己的聲譽和前程不說，還會給國家和社會帶來危害。

我們經常把做事不細緻、不認眞、不上心的人稱爲粗心大意的人，雖然都知道粗心不好，但生活與工作中粗心的人爲數還不少。每個人都有粗心的時候，偶爾的粗心並不可怕，但如果養成習慣性的粗心，尤其是在工作、學習或者做事的過程中，粗心大意最終可能導致一個人一事無成。粗心與細心相對，細心要比粗心困難，細心是對人的一些惰性和本能的克制，而粗心則是受制於人的本能和惰性，所以懶惰的人、意志力差的人往往比較粗心。

生活中粗心大意的人在工作中也不會是謹小慎微的。粗心大意是一個人的習性，很難改正，但是即使再難也必須要下決心徹底根除。如果你是一個想要做事成功的人，就必須改掉粗心大意的毛病，每一個不經意的粗心大意都是成功的大敵，這個敵人不除，成功根本無從談起。粗心大意的人會讓與你合作的人對你產生不信任，繼而會遠離你，成功就是這樣地與你擦肩而過。

在生活中，這種粗心大意的事例其實並不罕見，而且頻頻發生。一個小的細節能使整件事失敗，可見粗心大意是多麼的可怕。所以，爲了我們做每一件事都能成功，一定要牢記：粗心大意是失敗的罪魁禍首。

（四）機會往往偏愛耐心等待的人

「鍥而不舍，金石可鏤；鍥而舍之，朽木不折。」再簡單不過的道理。其實，你所認爲的奇蹟，實際上只需要耐心地做下去就可以了。只要你敢於去嘗試，什麼奇蹟都可能發生在你身上。你沒有做得更好，只因爲你還沒有更多地發揮出你的潛力。

一位著名的推銷大師，即將告別他的推銷生涯，應社會各界的邀請，他將在該城中最大的體育館做一場告別職業生涯的演說。那天，會場座無虛席，人們在熱切地、焦急地等待著那位當代最偉大的推銷員作精彩的演講。當大幕徐徐拉開，舞台的正中央吊著一個巨大的鐵球。為了這個鐵球，台上搭起了高大的鐵架。一位老者在人們熱烈的掌聲中走了出來，站在鐵架的一邊。

人們驚奇地望著他，不知道他要做出什麼舉動。這時兩位工作人員抬著一個大鐵錘，放在老者的面前。這時主持人對觀眾說：請兩位身體強壯的人到台上來。老人請他們用這個大鐵錘，去敲打那個吊著的鐵球，直到把它盪起來。

兩個年輕人輪番拿起鐵錘，全力向那吊著的鐵球砸去，但是鐵球始終一動不動。會場從剛才的喧鬧中恢復了平靜，大家在等待老人的解釋。老人一句話都沒說，從上衣口袋裡掏出一個小鐵錘，然後認真地面對那個巨大的鐵球敲打起來。

他用小鐵錘對著鐵球「咚」地敲一下，然後停頓一下，再一次用小鐵錘「咚」地敲一下。人們奇怪地看著，老人就那樣敲一下，停頓一下，就這樣持續地做。

十分鐘過去了，二十分鐘過去了，會場早已開始騷動，人們用各種聲音和動作發洩著他們的不滿。老人仍然敲一小錘停一下地工作著，他好像根本沒有聽見人們在喊叫什麼。人們開始憤然離去，會場上出現了大片大片的空缺。留下來的人們好像也喊累了，會場漸漸地安靜下來。

大概在老人敲打了四十分鐘的時候，坐在前面的一個婦女突然尖叫一聲：「球動了！」剎那間會場鴉雀無聲，人們聚精會神地看著那個鐵球。那球以很小的幅度動了起來，不仔細看很難察覺。老人仍舊一小錘一小錘地敲著；鐵球在老人一錘一錘的敲打中越盪越高，它拉動著那個鐵架子「哐哐」作響，它的巨大威力強烈地震撼著在場的每一個人。終於，場上爆發出一陣陣熱烈的掌聲。

老人開口講話了，他只說了一句話：「在成功的道路上，你如果沒有耐心去等待成功的到來，那麼，你只好用一生的耐心去面對失敗。」

由此我們可以看出，只要有耐心，你便能控制自己的命運。耐心愈大，回報也愈大。沒有一項偉大的成就不是由耐心工作和等待造成的。

有一天，兩人在花園中邊走邊談。來到一個水池邊時，一個人突然提議兩個人來打賭，看誰能不用釣具將水池中的魚捉起來。

另一個人心想，這還不容易！馬上從地上撿起許多石子，猛烈地朝池中的魚投去，可惜沒有一個石子擊中魚。他累得直喘氣，只好無奈地說：「我放棄了，看你的吧！」

只見提議的人不慌不忙地從口袋裡掏出一把小湯匙，把魚池中的水一匙一匙地舀到溝裡。

朋友大喊道：「這要等到什麼時候啊？」

他笑嘻嘻地回答說：「這方法雖然慢了一點，但最後的勝利必然是屬於我的。」

我們都聽過精衛填海的故事，精衛鳥從很遠的地方銜來石塊，雖然每次只能銜一塊，但幾十年如一日，精衛鳥從未停止過，這樣專注和持久的耐力深深地感染了一代又一代的讀者。所謂精誠所至，金石爲開，就是強調如果付出了專注和耐心，並堅持不懈，就沒有什麼困難可以成爲事業上的阻撓。

那麼，怎樣讓我們做事情更有耐心呢？那就是學會等待。等待是一種事業的醞釀，是一種力量的蘊藏，是在沉默中尋找希望。冰凍三尺，非一日之寒，事業的成功也非一朝一夕而就，常常需要在漫長的歲月中不斷磨礪、不斷成長、不斷創造。即便你有滿腹經綸、濟世之才，如果沒有賞識的伯樂，那也只能像深埋地下的金子，永遠也得不到閃光。而等待實際上就是一展鴻圖前的韜光養晦。只有作好充分的準備，機遇一旦到來，才會翺翔天空，一鳴驚人。舜發跡前，也只是在山野中躬耕；傳說在高升前也只是築牆抹泥；管夷吾在榮登相位前，在監獄裡默默地做著苦役……他們都是在等待中不斷醞釀、刻苦鍛鍊，而最終成就了一番偉業。

雖然等待的過程充滿了迷茫、繁亂、痛苦和不安，但它卻能成就我們精彩的人生。爲了不錯過機會和獲得最後的成功，請你學會耐心等待。

（五）嚴謹的態度最重要

世界上只有平凡的人，沒有平凡的工作。不管做什麼工作，關鍵是要看你用什麼樣的態度對待它，用什麼樣的方法完成它。即使是一件小事，只要你以嚴謹的態度對待它，你就能因此獲得成功。

洛克菲勒曾給西部一個煉油廠的經理寫過一封信，嚴厲質問：「為什麼你們提煉一加侖油要花一分八厘二毫，而另一個煉油廠卻只需九厘？」這樣的信還有：「上一個月你的廠報告有一千一百七十九個塞子，本月初送給你的廠一萬個。本月份你的廠用去九千五百三十七個，卻報告現存一千零十二個，其他五百七十個塞子哪裡去了？」這樣的信據說洛克菲勒寫過上千封。他就是這樣從書面數字精確到毫、厘、個，分析出公司的生產經營情況和弊端所在，從而有效地經營著他的石油帝國。

從上面看，洛克菲勒似乎只是利用一些統計數字在進行管理和諮詢，可如果他沒有嚴謹認真的工作作風又怎能做到如此呢？洛克菲勒這種嚴謹認真的工作作風是在年輕時養成的。他十六歲時初涉商海，是在一家商行當簿記員。他說：「我從十六歲開始參加工作就記收入支出帳，記了一輩子，它是一個人能事先計畫怎樣用錢的最有效的途徑。如果不這樣做，錢多半會從你的指縫中流走。」

由此，我們可以看出：超乎尋常的嚴謹是成功的可靠保障。其實，在我國古代人們就很重視嚴謹的態度。

子曰：「爲命，裨諶草創之，世叔討論之，行人子羽修之，東里子產潤色之。」翻譯過來就是：孔子說：「創制外交辭令，首先由裨諶起草它，然後由世叔研究和評論它，並提出意見，再交給外交官子羽對它進行修飾，最後讓居住在東里的子產對它進行潤色。」

孔子要求，創作一篇外交辭令，要經過大夫裨諶、大夫世叔、外交官子羽、國相子產四位高官之手，有擬稿的，有研究評論的，有對語法方面進行修飾的，有在修辭方面進行加工的。一而再，再而三，三而四地推敲，眞可謂精雕細琢，足以反映出孔子爲文和做事的嚴謹態度。

提起世界上最嚴謹的民族，我們一定會想到德國人。嚴於律己的德國人很講究形式和準時，公私事宜必須事先約定時間並準時赴約。沒有預先約定想與德國人會面，是很困難的事，如果因故需要推遲約會或取消約會的話，一定要打電話通知對方。否則，不僅失禮，也被認爲是對其的莫大侮辱。

德國人非常講究秩序。每人都有自己的「歸屬」，甚至連每一樣東西也都有其「合適」的位置。外國人在德國旅遊，第一個感覺是那裡的一切都是井井有條。維持秩序的標誌牌和禁令牌隨處可見。德國人出現在公開場合以及與人交往時，講究舉止端莊，對人敬重適度，事事循規蹈矩。

在工作中，對於一些動腦筋和透過簡單計算就能得出答案的問題，但不屬於自己部門責任範圍的，或者他認爲自己不應該自作主張替別人拿主意的，德國人也會說自己不知道，他們總是能冷靜地說出他們的意見，表現了他們思想的嚴謹。

一天，巴甫洛夫的一位學生興高采烈地來找巴甫洛夫，他說：「親愛的老師，經過長時間的實驗，我可以證明動物在長期饑餓以後，仍然會有消化液流入空的消化道。」

「不大可能有這樣的事。」巴甫洛夫斷然回答。

學生回去以後又一次進行深入研究，然後帶著實驗的資料紀錄和圖像曲線來見老師。

「我還是覺得這令人難以置信，但我願意親自做實驗檢驗一下。」巴甫洛夫搖搖頭說，「當沒有足夠令人信服的證據的時候，我無法了解這種分泌的意義，在這種情況下，我絕對不會苟同別人的觀點。」

學生只得留下自己的實驗結果。

為了檢驗這個固執學生的實驗結果，巴甫洛夫在饑餓的狗面前，幾乎一動不動地坐了一個晝夜。他對誰也沒講一句話，連飯都不吃一口。最後，他得到的資料和曲線終於證明學生的實驗結果是正確的。

天亮的時候，這個學生又來了，巴甫洛夫興奮地說：「你是對的！我恭喜你！你果然發現了一個非常重要的現象，這一結論完全可以用到你的博士論文裡。」

巴甫洛夫喜歡用實例，不用敘述來教人。他講起課來不是枯燥無味地照本宣科和簡單地灌輸學說。他要求學生每個人都要學會用腦子思考，從事實和科學出發，而不要去相信那些不可靠的印象和臆測。巴甫洛夫認為：「要學習做科學上的艱苦工作。要研究事實，對比事實，累積事實。鳥的翅膀無論怎樣有力，如果沒有空氣的支持，它就永遠飛不上去。事實就是科學家的空氣。沒有事實，你就永遠無法飛動。沒有它，你的『理論』就只不過是徒勞的空想。」

嚴謹細緻是做事的基本原則。在科學研究中，靠事實說話的人，就是一個嚴謹的人。嚴謹是一種精神，一種科學精神。在現實生活中，無論我們做什麼事，需要的都是一種嚴謹、平穩的心態，只這樣才能保證做事的高品質。相反，如果沒有時刻保持嚴謹的心態，則會付出很大的代價。

（六）讓關注細節成為一種習慣

「不積跬步，無以至千里；不積細流，無以成江海」。細節的實質是什麼？細節實際上是一種長期的準備，從而獲得的一種機遇。細節是一種習慣，是一種累積，也是一種眼光，一種智慧。習慣決定性格，性格決定命運，細節博弈術讓我們把關注細節成爲我們生活中的一種習慣。

人生的眞諦不在於壽命的長短，而在於細小的、細膩的、細節的積蓄和儲存。每個人也許都想在一生中至少有一個榮耀的記憶，哪怕是一個回憶，一個美夢，一個幻想，乃至一個成功。人生榮耀的記憶，是由一連串極其平凡而又動人的細節所構成的，就像陽光由一束束極小的耀人光子所組成；就像我們日常工作生活中的一句話、一個動作、一個表情的細節，實在是太平凡，太微不足道了。

在充滿競爭的今天，如何做好工作，關鍵在於是否抓住了一個「小」字，是否注重細節。也許太多的人，總不屑一顧事物的細節，殊不知，我們普通人，大量的日子，都是在做一些小事，假如每個人能把自己所在職位的每一件小事做好、做到位，就已經很不簡單了。

德羅在設計每個劇院時，都要精確測算每個座位與音響、舞台之間的距離以及因爲距離差異而導致不同的聽覺、視覺感受，計算出哪些座位可以獲得欣賞歌劇的最佳音響效果，哪些座位最適合欣賞交響樂，不同位置的座位需要做哪些調整方可達到欣賞芭蕾舞的最佳視覺效果。他在設計劇院時要一個座位一個座位地去親自測試和敲打，根據每個座位的位置測定其合適的擺放方向、大小、傾斜度、螺絲釘的位置等等。

密斯．凡．德羅是將關注細節變成自己的習慣，細節成爲他工作中的魔鬼。其實沒有什麼天才，只是每一個人在細節上下的工夫有多少，一個人在細節的關注上多於他人，那他自然就會取得成功，成爲專業上的頂尖人才。無論我們做任何事都要關注細節，讓注意細節成爲你的生活習慣。

只有保持這樣的做事標準，才能掌握到問題的細節，才能做到爲使事情達到預期的目標而思考細節，才不會變成只是吹毛求疵的細節。

培根在《習慣論》中寫道：「思想決定行爲；行爲決定習慣；習慣決定性格；性格決定命運。」一位哲人也說過：「人的思想是萬物之因。播種一種觀念，收穫一種行爲；播種一種行爲，收穫一種習慣；播種一種習慣，收穫一種性格；播種一種性格，收穫一種命運。」

當一個小小的心念變成行爲時，行爲變成了習慣，從而形成性格。心理變，態度亦變；態度變，行爲亦變；行爲變，習慣亦變；習慣變，人格亦變。

好習慣的養成關鍵在於細節的落實。曾經看過一首《釘子》的小詩：丟失一個釘子，壞了一隻蹄鐵；壞了一隻蹄鐵，折了一匹戰馬；折了一匹戰馬，傷了一位騎士；傷了一位騎士，輸了一場戰鬥；輸了一場戰鬥，亡了一個國家。

如果不去認眞思索，很難將釘子與國家命運聯繫在一起，仔細品讀，會發現其中包含一個偉大的哲理：細節決定成敗，想要成功就要從細節入手，並養成良好的習慣。只有把握了每個細節，方能取得成功。

習慣是一柄雙刃劍，用得好，它會幫助我們輕鬆地獲得快樂與成功；用得不好，它會使我們的一切努力都變得很費勁，甚至能毀掉我們的一生。習慣是潛意識的功能，關注細節的習慣更是我們人生事業成功的關鍵所在。

習慣是意識選擇的結果。你選擇了做某件事並不斷地重複，你的潛意識就認爲你想做那件事，就讓它變成你的習慣。習慣的形成是有意識選擇的結果，既然是有意識選擇的結果，那我們也可以再透過有意識的選擇，來改掉不好的習慣。

關注細節是一種習慣，習慣是可以後天養成的，一個好習慣的養成不是一件容易的事，那需要我們從每一件事的開始關注細節。在每做一件事的開始，我們都先提醒自己關注細節，慢慢地就會養成習慣，漸漸地不需要提醒而變成一個自然的條件反射，這時候關注細節習慣的養成就成功了，從此你做每一件事的時候都會自覺地關注細節，讓細節成就你做事的完美。

你有自由選擇好的或者壞的習慣的權利。你的習慣只是你的選擇。簡單地說任何一種行爲只要不斷地重複，就會成爲一種習慣。同樣道理，任何一種思想只要不斷地重複，也會成爲一種習慣，在不知不覺中影響人的行爲。

習慣是有意識的選擇，如果我們能將關注細節變成一種習慣，那我們就會很輕鬆地獲得成功與快樂的人生，完成我們人生路上的每一次完美的成功。智慧地把握做事博弈術的細節博弈，讓關注細節成爲我們爲人處事的生活習慣，從而創造屬於你的完美人生。

第三章 時間博弈——會管理時間的人最容易成功

時間是什麼？是生命、是財富、是資源，是人生最大的資本。但只有認識到時間對於生命的重要性，會管理時間、做事情時又能統籌安排的人，才能展現出時間的價值，才能達到自己的目標。那些不會利用時間的人，一生只能是碌碌無為。

我們要想成為出色的現代人，要想把事情做到完美，就必須要懂得時間博弈術：會管理時間的人最容易成功。

（一）時間決定成敗，做惜時如金的人

「時間就是生命」、「時間就是效率」、「時間就是金錢」、「一寸光陰一寸金，寸金難買寸光陰」……諸如此類的描述我們每個人都可以脫口而出。對待時間的方式，可以決定我們的命運。我們的手中，握著的可能是失敗的種子，也可能是成功的無限潛能，答案需要我們自己選擇——隨波逐流將一事無成，全力以赴便會前程錦繡，讓瞬間創造永恆，成功從我們珍惜時間開始。因爲時間博弈告訴我們一條做事成功的眞理：時間決定成敗，我們要想成功，就要做惜時如金的人。

時間這個東西——你珍惜她，她就會想方設法報答你，你疏遠她，她就忽略你的存在。所以，無論你多麼聰明，你的理想多麼遠大，只要你不會惜時如金，一切也是南柯一夢，終生遺憾罷了。

如何利用時間，決定成敗。縱觀歷史上每一位成功人士，都是把握時間、管理時間的高手，一分一秒的時間他們都不放過。試看世界歷史長河中，哪一位成功的人不是惜時如金的人？

一位青年畫家把自己的作品拿給大畫家柯羅請教。柯羅指出了幾處他不滿意的

地方。「謝謝您！」青年畫家說：「明天我全部修改。」柯羅激動地問：「爲什麼要明天？你想明天才改嗎？要是你今晚就死了呢？」可見柯羅是多麼珍惜時間。

愛迪生一生只上過三個月的小學，他的學問是靠母親的教導和自修得來的。他的成功，應該歸功於母親自小對他的諒解與耐心的教導，才使原來被人認為是低能兒的愛迪生，長大後成為舉世聞名的「發明大王」。

「浪費，最大的浪費莫過於浪費時間了。」愛迪生常對助手說。「人生太短暫了，要多想辦法，用極少的時間辦更多的事情。」

一天，愛迪生在實驗室裡工作，他遞給助手一個沒上燈口的空玻璃燈泡，說：「你量量燈泡的容量。」他又低頭工作了。過了好半天，他問：「容量多少？」沒有回答，他轉頭看見助手拿著軟尺在測量燈泡的周長、斜度，並拿了測得的數字伏在桌上計算。他說：「時間，時間，怎麼費那麼多的時間呢？」愛迪生走過去，拿起那個空燈泡，向裡面斟滿了水，交給助手，說：「裡面的水倒在量杯裡，馬上告訴我它的容量。」助手立刻讀出了數字。愛迪生說：「這是多麼容易的測量方法啊，它又準確，又節省時間，你怎麼想不到呢？還去算，那豈不是白白地浪費時間嗎？」助手的臉紅了。

愛迪生喃喃地說：「人生太短暫了，太短暫了，要節省時間，多做事情啊！」

從以上成功者的事例中，我們可以看出珍惜時間是多麼重要。時間決定一個人做事的成敗和人生的成敗。珍惜時間就是珍惜生命！怎樣讓我們在有限的時間裡創造出無限的價值，這是值得我們深思的問題。

一個人是否會管理時間非常重要。西方的管理學家也都把對時間的管理提高到生命的高度，時間管理學家彼德．杜拉克就說：「時間是人生最高貴而有限的資源。」莎士比亞說得好：「拋棄時間的人，時間也拋棄他」。

時間是無情的，是吝嗇的，但它又是多情的，大方的。對於珍惜它的人，時間使其完成任務、獲得成功；對於不在乎它的人，時間也會懲罰他的無知，使其一事無成。

在人的一生中，時間是最容易流失的。而時間也將貫穿於每個人的一生，我們生命的價值及意義的展現不可能脫離有限時間的束縛，而對時間的認知和應用它來創造價值的能力就顯得非常重要。一位惜時如金的作家說：「時間不能延長一個人的壽命，然而珍惜光陰，可使生命變得更有價值。」

從古到今，一切真正的有志者，普遍有一個信仰：時間貴勝黃金。時間，經濟學家把它看成是金錢，文學家把它看成是著作，軍事家把它看成是勝利，刻苦學習的人把它看成是知識。人常說，時間如流水，生命對於人是短促的。「莫等閒，白了少年頭，空悲切。」如果有人自恃年輕，認爲來日方長，而放棄對人類美好生活的追求，不去奮發努力，那麼，他就可能虛度年華，最終將一事無成。

時間是最不能浪費的，我們每個人的時間都是有限的，要成功，就需要付出比別人多的時間，而這多餘的時間是靠自己的珍惜，時間帶給我們的價值不是可以用任何金錢衡量的，它不是有價的。珍惜時間你就有比別人多一些的時間，這樣才能有效保障做事的成功機率。爭取時間就是爭取成功，做事成功必須要在珍惜時間上下功夫，因爲你的競爭對手在你浪費時間的時候正在做著爭取時間的工作，你等於還沒有做就已經注定要輸了。

總之，要想在現在這樣一個高速發展的效率時代獲得成功，必須要懂得時間管理，必須要學會運用做事博弈術之時間博弈，必須牢記：時間決定成敗，要做惜時如金的人。

（二）贏得時間就是贏得成功

每個人去做任何事情，都會花費時間，沒有時間的保證，就不可能有事情的完成。而時間對於每一個人來說，都是公平的。一秒、一天、一週、一年給予任何人都是相等的。那麼我們怎麼在均等的時間裡超越他人，獲得成功呢？時間博弈術告訴我們：贏得時間就是贏得成功。

其實，仔細觀察一下我們每一個人的時間使用，絕大部分是在業餘時間中度過的。由於各人對業餘時間的處理態度、安排內容、使用方式各不相同，就必然會給各人的成就帶來差異。可以說，誰贏得了時間誰就贏得了成功。

當自己的時間較少的時候，應學會「擠」時間。去看醫生時帶一本書，這樣就不必看他們的雜誌或其他無益的東西。一位參加某個研討會的公共關係主管告訴學員，要他在電話旁邊放一疊閱讀資料，每次在等對方接電話時便可以翻閱。一位必須在機場花很多時間的業務員說：「每次在下飛機去領行李的路上，我就停下來打公共電話，等我打完電話時，行李也已經出來了。只要能夠利用，任何時間都不要浪費。」

不管在什麼地方，每次齊格勒在必須排隊等候時，總會儘量帶一些東西去看。某數位傳媒系統的主任非常小心地善用空檔時間，即使在開車時也帶著技術報告和商業雜誌，以便在等紅燈或塞車時看幾行字。一位研討會的學員安妮・索恩也是如此，她在車裡放了一把拆信刀，每次開車時都帶著一疊信件，利用等紅燈時看信。她說，反正百分之七十五都是垃圾信件，而且在她到達辦公室前，信件已經瀏覽完畢，所以一到辦公室她就把垃圾信件全丟掉。

美國人琳達・邁爾斯開了一家顧問公司，一年約受理一百三十個案子，她每年都需要到各地旅行，有很多時間是在飛機上度過的。邁爾斯相信和客戶維持良好關係是很重要的，所以她常利用在飛機上的時間寫短箋給他們。她說：「我已經無法自拔了，這樣做讓我非常愉快。」一次，一位同機的旅客在等候提領行李時和她攀談，他說：「我在飛機上注意到你，在二小時四十八分鐘裡，你一直在寫短箋，我敢說你的老闆一定以你為榮。」邁爾斯笑著回答：「我就是老闆。」

美國企業家德利特・奧布萊恩的旅行社有許多外國客戶，所以她上飛機時都帶著一疊傳真資料，等飛機降落後，奧布萊恩便會去商業中心把資料送給她的客戶。她說傳真可以橫跨時區，所以特別有效，當客戶一打開傳真機，她的資料就已經在恭候大駕了。

在美國電影《偷天陷阱》裡，維吉尼亞從紐約交易所中偷取了十秒鐘的時間，最終在千禧年零點時分偷得了全世界票據交易中心的八兆貨幣。時間都是一樣的，因為維吉尼亞在事先就計畫好了，每天贏得紐約交易所一秒的時間，這樣就可以在千禧年全球交易的零點時分獲得寶貴的用於資料下載的十秒鐘的時間，最終獲得了成功。

這些成功人士都是從自己身上贏得時間，所以他們會成功。而反問一下平庸的我們爲什麼此生沒有獲得成功，爲什麼我們會如此地碌碌無爲？是否是因爲我們不會有效利用時間，不會贏得時間，不會爭取時間？

我們每個人生來平等，上天給每個人的機會也是均等的，可是他人成功了，我們過的卻是平庸的人生。時間對每一個人都是平等的，一個百萬富翁和一個窮光蛋至少在有一個方面是完全一樣的：他們一天都只有二十四小時，一千四百四十分鐘。時間不會因爲你是富人就多一些，也不會因爲你是窮人就少一些。所以無論你是誰，只要贏得了時間就是贏得了成功。我們這一生中的時間是有限的，我們要想比別人做事成功，就要在有限的時間裡贏得別人所浪費掉的時間，這樣才能保證比別人成功。

戰爭中，時間就是生命，時間就是勝利。而在現實中，時間是生命，時間是金錢，時間是成功。在現代，同樣存在著嚴峻的競爭態勢，我們同樣面對著衆多的競爭對手，如何在這更爲殘酷的競爭社會取得成功，如何在這個沒有硝煙的戰爭中獲得勝利，這一切都要依賴於時間。你有了比別人多的時間你就有了成功的砝碼。但是，時間不會拱手送給你的，而是需要你去爭取，去贏得。贏得時間是贏得成功的必要條件，沒有時間的保障成功也是遙不可及的。

贏得時間對於成功來說是重要的。贏得時間對於我們來說其實就是一種智慧，是我們同他人智慧的一種較量。你懂得贏得時間，懂得有效利用時間，你就取得了通往成功的通行證。這種智慧的獲得就是要懂得時間博弈術，懂得贏得時間就是贏得成功。

（三）日清日高，做完事情再休息

常常聽人哀歎，今天已經晚了，明天我一定把那事情做定。然而，又過了幾個明天，那事仍絲毫未動。長此以往，什麼事都做不成。德國作曲家貝多芬說：「人擁有的東西沒有比光陰更重要、更有價值了，所以千萬不要把你今天應做的事拖延到明天去做。」日事日畢，日清日高。今天的工作今天必須完成，今天完成的事情必須比昨天完成的更完美，明天的目標必須比今天更高才行。做事博弈術之時間博弈的箴言：日清日高，做完事情再休息。

「日事日畢，日清日高」是指當天的工作要求當天完成，每一天要比前一天提高百分之一。後半句的意思是針對前半句說的。日事日畢，就是今天的事情就得在當天完成；日清日高，就是只有把今天的事情做完了，長久來看才能提高每一天的效率。

「日清日高」是自我事務管理的黃金法則，它實際上有兩層意思：一是今日事今日畢，二是每天進步一點點。拖延的習慣最能損害及減低人們做事的積極性。因此，你應該今日事今日畢，否則可能無法做大事，也不太可能成功。所以，應該經常抱著「必須把握今日去做完它，一點也不可懶惰」的想法去努力才行。

歌德說：「把握住現在的瞬間，把你想要完成的事情或理想，從現在開始做起。只有勇敢的人身上才會賦有天才、能力和魅力。」曾經有管理學者說過：「如果訓練一個日本人，讓他每天擦六遍桌子，他一定會這樣做；而一個中國人開始會擦六遍，慢慢覺得五遍、四遍也可以，最後索性不擦了！」中國人做事最大毛病是不認真，做事不到位，每天做事缺一點，天長日久就成為落後的病因。

想想我們比別人差，比別人落後在什麼地方？是智商比人低還是能力比人差？其實都不是，問題的癥結在於我們每天的工作都沒有日清日高，做事總是不認眞，不到位，總是差那麼一點點，可是長久下去，差的可就不是一點點了，而是差出十萬八千里了。

我們總想著反正還有明天，今天做不完還有明天呢？有這種思想的人就是沒有認識到我們的生命不一定能讓你得到明天，有誰能確定自己下一刻不死，自己能明天不死？如果死了還能做事嗎？所以，但凡成功者都是只爭朝夕，當天的事情當天完成，第二天比第一天的目標再高一些，這樣的日積月累就會創造出與別人不一樣的成功人生。

時間管理最重要的守則就是珍惜今天，當日的事情當日做完。把今天當作生命中的最後一天，那麼今天的事情我就要全力以赴地做完。如果沒有做完怎麼辦呢？不要下班，不要拖延到明天。每一天都要這樣告訴自己，同時也要這樣認眞地去做。要快速做完，快速地選擇，哪些事情不做，就要明確地表達我不做，哪些事情一定要做，就明確地表達我要全力以赴地做完，而且今天就做完。

維克托・米爾克是世界上屈指可數的現代化大食品公司——墨西哥城推銷中心的總裁。他的工作直接或間接地受到公司五千雇員中三千多人的影響。他總是忙得不可開交，想找點時間度假非常困難，可是他的工作卻從來也沒有做完過。他因此參加了在墨西哥城舉行的一次時間管理研討會，有了很大的收穫。他有一個很得意的心得：「如果當天事當天畢，就不再需要加班工作了。」

他在其後的日子裡養成了「當日事當日畢」的好習慣。米爾克自己就是這種習慣的受益者：「現在我不再加班工作了。我每週工作五十至五十五個小時的日子已經一去不復返，也不用把工作帶回家做了。我在較少的時間裡做完了更多的工作。按保守的說法，我每天完成與過去同樣的任務後還能節餘一個小時。」

遵守「現在就辦」和「當日事當日畢」的工作原則，能夠使你像米爾克一樣擺脫以往糟糕透頂的生活。

今天是你生命中最重要的一天。如果每天都有八萬四千六百元進入你的銀行戶頭，而你必須當天用光，你會如何運用這筆錢？其實，你真的有這樣一個戶頭，那就是「時間」。每天都會有新的八萬四千六百秒進帳，你打算怎樣利用這些進帳對人生進行投資呢？你每天早上起床時，試對著鏡子告訴自己：「今天我要盡我所能做好每一件事」。珍惜今天的每一分每一秒。等到一天結束時，如果你對著鏡子仍能告訴自己：「今天我已盡我所能。」那麼，你就是自己的第一名了。好好利用你現有的時間，實實在在的利用今天，它才是你人生成功的資本。

生命只有一次，而人生也不過是時間的累積。要是讓今天的時光白白流逝，就等於毀掉了人生的最後一頁。因此，要珍惜今天的一分一秒，因爲它們將一去不復返。我們應該對今天的分分秒秒善加利用，日清日高，爲達到目標而努力。如果今天過得有意義有價值，那麼今天就會是你最美好的一天。它能給你帶來一個燦爛的明天。爲了我們人生中每一個燦爛的明天，請謹記時間博弈術的科學理論：日清日高，做完事再休息。

（四）要事第一，學會分清輕重緩急

世人大都知道一寸光陰一寸金、寸金難買寸光陰的格言，但不少人愛金子總是勝過愛時間的。人之價值觀不同，管理時間的方式不同。對每一個成功的人來說，時間管理是很重要的一環。時間是我們最重要的資產，每一分每一秒逝去之後再也不會回頭，問題是你該如何有效地利用你的時間呢？

德國詩人歌德曾說過：「重要之事絕不可受芝麻綠豆小事的牽絆。」要集中精力於緊急的要務，就要排除次要事務的牽絆。如果不斷地被一些次要事務所干擾，那麼就會阻礙你向目標前進的腳步。

美國伯利恆鋼鐵公司總裁理查斯・舒瓦普，曾經為自己和公司的低效率而憂慮，於是向效率專家艾維・李尋求幫助，希望艾維・李能賣給他一套思維方法，告訴他怎樣才能在短的時間裡完成更多的工作。

艾維・李說：「好吧！我十分鐘就可以教你一套至少提高效率百分之五〇的最佳方法。把你明天必須要做的最重要的工作記下來，按重要程度編上號碼。最重要的排在第一位，依此類推。早上一上班，立即從第一項工作做起，一直做到完成為止。然後用同樣的方法對待第二項工作、第三項工作……直到你下班為止。即使你花了一整天的時間才完成了第一項工作，也不要緊。只要它是最重要的工作，就堅持做下去，每一天都要這樣做。在你對這套方法的價值深信不疑之後，讓你公司的人也按照這套方法去做。這套方法你願意試多久就試多久，然後給我寄張支票，並填上你認為合適的數字。」

舒瓦普認為這個思維方法非常有用，很快就填了一張二萬五千美元的支票給艾維・李。舒瓦普後來堅持使用艾維・李教給他的這套方法，於是五年後，伯利恆鋼鐵公司從一個鮮為人知的小鋼鐵廠一躍成為最大的不需要外援的鋼鐵生產企業。舒瓦普對朋友說：「我和整個團隊始終堅持挑最重要的事情先做，我認為這是我公司多年來最有價值的一筆投資。」

凡擁有卓越成就的人，辦事的效率都非常高。這是因爲他們能夠利用有限的時間，高效率地完成至關重要的工作。任何工作都有主次之分，如果不分主次地平均使力，在時間上就是一種浪費。所以，在關鍵事情，在主要工作上，我們要用全部精力，將其做到最好。

時間管理的精髓即在於：分清輕重緩急，設定優先順序。成功人士都是以分清主次的辦法來統籌時間，把時間用在最有「生產力」的地方。面對每天大大小小、紛繁複雜的事情，如何分清主次，把時間用在最有生產力的地方，有三個判斷標準：

我必須做什麼？

這有兩層意思：是否必須做，是否必須由我做。非做不可，但並非一定要你親自做的事情，可以委派別人去做，自己只負責督促。

什麼能給我最高回報？

應該用百分之八十的時間做能帶來最高回報的事情，而用百分之二十的時間做其他事情。所謂「最高回報」的事情，即是符合「目標要求」或自己會比別人做得到更高效率的事情。

前些年，日本大多數企業家還把下班後加班、加時工作的人視爲最好的員工，如今卻不一定了。他們認爲一個員工靠加班、加時來完成工作，說明他很可能不具備在規定時間內完成任務的能力，工作效率低下。社會只承認有效工作。

因此，勤奮＝效率＝成績／時間，勤奮已經不是時間長的代名詞，勤奮是最少的時間內完成最多的目標。

什麼能給我最大的滿足感？

最高回報的事情，並非都能給自己最大的滿足感，均衡才有和諧滿足。因此，無論你地位如何，總需要分配時間於令人滿足和快樂的事情，只有這樣，工作才是有趣的，並容易保持工作的熱情。

透過以上「三層過濾」，事情的輕重緩急就很清楚了，然後，以重要性優先排序。在這裡要注意，人們總有不按重要性順序辦事的傾向，所以要杜絕並堅持按這個原則去做，你將會發現，再沒有其他辦法比按重要性辦事更能有效利用時間的了。

我們大多數人之所以做事不成功的原因也是在於做事的時候分不清主次，常常把不重要的事情先做了，反而浪費了大量的時間，使得最重要的事沒有時間做了。科學的時間管理法則是要能分清事情的主次，用有限的時間先做最重要的事。這也是時間博弈的至理名言：要事第一，做事要分清輕重緩急。

（五）給你的時間做預算，忙碌而不是盲目

在生活中我們都知道要給自己的消費做一個預算，同樣的道理，要想成功做事，也要給你的時間做一個預算。我們每天都在面臨著忙碌的工作和生活，常常被生活中瑣碎的事忙得暈頭轉向的，更別提那些重要的事了。但是一個成功的時間管理者，是很會管理時間的。他們共同做到的就是時間博弈術告訴你的：給你的時間做預算，忙碌而不是盲目。

時間伴隨著我們的一生，我們可以自由支配。然而，我們當中的很多人都忽視了時間的存在。我們需要做的是學會管理好自己的時間：我們無法阻止時間的流逝，但我們可以利用時間。我們要成爲時間的主人，而不是成爲時間的奴隸。

縱觀古今中外，凡事業成功者，都是十分珍惜和善於駕馭時間的人。衆所周知的柳比歇夫時間管理法的創造者蘇聯昆蟲學家柳比歇夫，就是一個對自己的時間做預算的高手，他因五六年如一日對個人時間進行定量管理而得名。他正是利用自己創造的時間預算管理法使自己有限的時間得以充分利用，獲得了事業上的成功。

柳比歇夫從一九一六年元旦那一天開始，就堅持寫日記。都記些什麼呢？隨便

舉一天為例：「烏里楊諾夫斯克。一九六四年四月七日。分類昆蟲學（畫兩張無名袋蛾的圖）——三小時十五分。鑑定袋蛾——二十分。附加工作：給斯拉瓦寫信——二小時四十五分。社會工作：植物保護小組開會——二十小時二十五分。基本工作合計——六小時二十分。休息：給伊戈爾寫信——十分；《烏里楊諾斯克真理報》——十分；列夫・托爾斯泰的《塞瓦斯托波爾紀事》——一小時二十五分。」工作、休息、看報、讀書、寫字，他都詳細地記下了時間，幾小時幾分鐘，並且要一天一小結，每月一大結，年終一總結。直到一九七二年他逝世時為止，五十六年如一日，從未間斷過。

天天記一篇時間明細帳有何意義呢？因為一般人所說的工作時間其實是算上所有時間，真正用來做工作或讀書學習的時間說不定只有一小時或一個半小時，其餘的時間都不知不覺地流走了，浪費在無謂的奔忙和聊天之中；而柳比歇夫計算的工作時間是純時間，這樣，他每天要求自己達到的實際工作和讀書時間就要比一般人多得多。

他還想方設法利用每一分鐘，利用任何所謂的「時間下腳料」：乘電車、坐火車、開會、排隊……

他規定，短距離，二、三公里路，最好步行，省得為了等車浪費時間、損害神經。步行還有好處，因為反正需要散步。

他對「時間下腳料」的利用，考慮得無微不至。出門旅行，他看小部頭的書，或學習外語。舉個例，英語他就是主要利用「時間下腳料」學會的。

在路上看書有什麼好處？第一，路途的不便使你感覺不到，很容易將就；第二，神經系統的狀況比在其他條件下良好。

坐電車，他看的不是一種書，有兩三種書。如果是從起點站坐起（例如在列寧格勒），那就可以有位子坐，因而不僅可以看書，還可以寫字。如果電車很擠，有時候只能握著扶手杆勉強站住，那就需要小冊子，而且要比較輕鬆的。

他在全蘇植物保護研究所工作的時候，常常出差，一般要帶一定數量的書上火車。如果是長期出差，他就把書打包成郵件，寄到特定的地點。帶多少書，根據以往的經驗來決定。

他在一天之內是怎麼安排讀書時間的？清早，頭腦清醒，看嚴肅的書籍（哲學、數學方面的）。鑽研一個半到兩個小時以後，看比較輕鬆的讀物——歷史或生物學方面的著作。腦子累了，就看文藝作品。

這個方法之所以能夠存在，是依靠經常的計算和檢查。沒有計算的計畫是盲目的計畫。應當學會計算一切時間。他把一晝夜中的有效時間即純時間算成十個小時，分成三個公司，或六個「半公司」，正負誤差不超過十分鐘。除了最富於創造性的第一類工作外，所有規定的工作量他都竭力按時完成。

正是靠了這個「時間統計法」，柳比歇夫贏得了比其他人多一倍的時間，也就是說，等於自然界另外又賦予了他一次生命。他一生做了那麼多事情：發表了七十來部學術著作，寫了一萬二千五百張打字稿的論文和專著，內容涉及昆蟲學、科學史、農業遺傳學、植物保護、進化論、哲學等領域。他還懂得歷史、宗教、複變數理論、農業經濟、社會達爾文主義等等，在許多方面都作出了卓越的貢獻。

我們應當不斷挖掘一切潛在的時間。畢竟，人不能是每天工作十四、五個小時，應當正確利用工作時間。從時間中去找時間。

研究時間管理之道，首先你必須知道，一個小時沒有六十分鐘。事實上，一個小時內只有你利用到的那幾分鐘而已。那麼，你一天要浪費幾個小時呢？如果你眞想知道，不妨來做一個實驗——首先，你找一份行事曆，把每一天劃分成三個八小時的區域，然後再把每個小時劃成六十分鐘的小格。在這整個星期裡，你隨時把你所做的事情紀錄在你劃的表格中，連續做一個星期試試看，再回頭來檢查你的行事曆，你就會發現，由於拖延和管理不良，你浪費了多少寶貴的光陰。

當你了解到你是如何在使用你的時間之後，再回頭重做一次實驗。這一次多用點心來計畫你的時間，把需要做及想要的事仔細安排進時間表，再看你的效率是否會好一點。記住一件事：時間是你唯一可以賣給他人或自己的東西，你對時間的利用率越高，你越可以靠它賣得好價錢。

天道酬勤。人生短暫，生命有限，要想有所建樹、不虛度一生，就要合理地安排時間，給你的時間做一個科學的預算。時間博弈術的精髓之處就是：給你的時間做預算，忙碌而不盲目。

（六）盤點你的零散時間，擠出多少就能賺多少

現代生活中人們忙忙碌碌，每個人似乎都在不停地工作，沒有空閒的時間。其實不然，只是我們每天的時間被條條塊塊的分割成了幾個部分。而在每個部分之間總有一些銜接的時間被我們忽略掉了，這就是我們所說的零散時間。很多人對此很

不以爲然，以爲這些短暫的時間沒有什麼用途。其實，這些零散時間正是我們可以利用來超越對手的時間，能擠出來多少就能賺多少。數學家華羅庚說：「時間是由分秒積成的，善於利用零星時間的人，才會作出更大的成績來。」達爾文說：「我從來不認爲半小時是微不足道的一段時間。」

一個人如果認識到學習或工作的重要，通常就會自覺地去利用零散時間。利用零散時間，一時得利或許眞的不大，但如果長期累積，愚公可移山！譬如對於學習而言，利用零碎時間去識記單詞或背誦古詩詞，遠比用整塊時間要好得多。

我們來看一看著名數學家蘇步青教授是如何利用零散時間的。蘇步青在古稀之年身兼數職，但是他卻仍連續發表了很有影響力的新著作。當人們問起他哪裡來那麼多時間的時候，他笑著說：「我用的是零頭布，做衣服有整料固然好，但是零料拼接得好，照樣能做出漂亮的衣服。時間也一樣，把零星時間好好利用，只要一天二、三十分鐘，加起來也很可觀。」是的，蘇步青教授就是利用了這些零散時間，把它們累積起來就是一筆不小的財富。

人生有三分之一的時間都是在零散時間中度過的，如果我們能夠充分利用這些零散時間，那麼累積下來的成就會超出我們想像。如果一個人一天讀十頁書，從十六歲到七十歲，就可以讀二十萬頁，堆起來，有二層樓那麼高；如果我們每天記十個單詞，一年下來就是三千六百五十個；每天背誦一首古詩，日積月累下來，唐詩三百首就不在話下了。

要想抓住零散的時間，就必須首先能夠找到零散的時間。很多人都在抱怨，自己每天很忙，沒有空閒的時間。那麼，什麼樣的時間才是零散時間呢？這些零散的時間又是怎樣被利用起來的呢？也許從美國詩人愛爾斯金這裡你能夠找到答案。

愛爾斯金是美國近代詩人、小說家，又是出色的鋼琴家。他在談到如何利用零散時間這個話題時，曾深有體會地說：「當我在哥倫比亞大學教書的時候，我想兼職從事創作。可是每天上課，看學生的試卷、開會等等事情把我白天、晚上的時間全占滿了。在哥倫比亞大學的時候，我差不多有兩個年頭一字都不曾動過，我的藉口是沒有時間……後來，我發現有些時間在不知覺中就溜走啦，比如開會的間歇，等公車的時間等等，這些時間對於我來講是多麼的寶貴啊！就這樣，只要有五分鐘左右的空閒時間，我就坐下來寫作一百字或短短的幾行。出乎我意料的是，在那個星期的終了，我竟積有了相當的稿子以備我修改。」

「後來我用同樣積少成多的方法，創作長篇小說。我的教授工作是一天繁重一天，但是每天仍有許多可資利用的短短空閒。我同時還練習鋼琴，發現每天小小的間歇時間，足夠我從事創作與彈琴兩項工作。」

我們的生活和愛爾斯金是多麼的相似啊。想一想，每天我們在等公車時或是坐在地鐵裡時在做些什麼，是無聊地發呆，還是利用這些許時間來記一點東西亦或是梳理一下一天的工作呢。只要你眞心努力要把一件事情做好，你就會發現更多你可以利用的時間。

利用閒散的時間也是要講究方法的。人們常說：「一心不可二用」，其實，當你找到了合適的方法，你會發現同時做幾件事情並不是不可能的。這樣的「一心二用」會爲你創造出更多的可利用的時間。數學家華羅庚用他的統籌方法給我們上了生動的一課。

我們一般人早晨起來都會洗漱、準備早餐、準備上班或者讀書的東西、聽聽新聞等，這樣的幾件事怎樣安排才是合理的呢？怎樣安排才會節省更多的時間呢？如果我們按照順序一件一件地做，肯定會佔用很多的時間。其實，有些事情是可以同時進行的。比如，我們先進行了洗漱，然後打開電視機，一邊聽著新聞一邊準備早飯，趁早飯在爐灶上加熱的時候來收拾出門要帶的東西，這樣你準備早餐、聽新聞和收拾東西就是同時進行的了。

無論是在生活還是在工作中，對於時間的安排都需要你自己的把握，抓住零散時間，你一定會從中獲益。人的心理有時很微妙，一旦知道時間很充足，注意力反而會下降，效率也隨之降低；一旦知道必須在公司時間內完成某事，就會自覺努力，從而效率大大提高。利用好零碎時間，可以非常有效地提高工作和學習的效率。

時間是人生的全部財富。古人云：「不積跬步，無以至千里；不積小流，無以成江海。」對於零散時間的把握正是這樣一個日積月累的過程。它可以讓你在無形中超越對手，愛因斯坦所謂「人的差異就在業餘時間」說的正是這個道理。我輩自當惜時如金，過去的就讓它過去，未來應該追求，但最爲要緊的則是緊緊抓住今天。

第四章

資訊博弈——資訊時代，比的就是掌握資訊

進入二十世紀五〇年代末，電腦的出現和逐步普及把資訊對整個社會的影響提昇到一種絕對重要的地位。

我們正處在一個前所未有的資訊時代，要想在這樣的一個時代裡成功，就要懂得資訊博弈。資訊瞬間萬變，浩如煙海，我們怎樣與這個資訊時代帶給我們的一切利與弊共存呢？怎樣超勝於他人，取得最終的致勝權？資訊博弈將告訴您：資訊時代，比的就是掌握資訊。誰掌握的資訊多，誰掌握的資訊精準，誰掌握的資訊快捷，誰就取得了資訊時代的致勝權。

（一）資訊藏於細微處，眼光決定財富

這個世界除了工業可以創造剩餘價值和社會財富外，所有的商品買賣所產生的利潤百分之九十九是資訊創造的，不同地區的不同價格，透過資訊的交流和溝通，就產生了商品的流通、物質的交換，財富也隨之而產生。當今社會，誰的資訊快、誰的資訊準、誰的資訊廣，誰賺的錢就會越多。

成功之人必有其成功的特質，在資訊時代成功人必須有的特質就是要盡可能地掌握最多的資訊，而資訊的發掘，要想超勝於他人，就需要有在細微處發現資訊的智慧。資訊博弈的智慧告訴你資訊藏於細微處，眼光決定財富。

世界富豪的致富歷史無不與其獨特的經商眼光有關，而他們的眼光就是能在細微處發現他人所沒有察覺的資訊，繼而讓這外人看起來微不足道的資訊給自己創造了財富。其實，大多數的財富神話都是由此創造出來的。

世界著名的富豪家族洛克．菲勒家族的創始人菲勒，可以說並沒有什麼顯赫的家世背景，也沒有資金能讓他創造財富，但是他有的是善於發現財富的非凡眼光，這種眼光能讓他敏銳地捕捉到別人所發現不了的藏在細微處的財富資訊。

洛克．菲勒在很小的時候就知道如何創造財富。他把一輛從街上撿來的玩具車修好，讓同學們玩，然後向每個人收取〇．五美分。在一個星期之內，他竟然賺回一輛新的玩具車。他的老師深感惋惜地對他說：「如果你出生在一個富人的家庭，你會成為一個出色的商人。但是，這對你來說已經是不可能的事了，你能成為街頭商販就不錯了。」

洛克．菲勒中學畢業後，正如他的老師所說，成了一名小商販。他賣過電池、小五金、檸檬水，每一樣都經營得得心應手。與貧民窟的同齡人相比，他已經可以算是出人頭地了。但老師的預言也不全對，菲勒靠一批絲綢起家，從小商販一躍而成為商人。那批絲綢來自日本，數量足有一噸之多，因為在輪船運輸過程中，遇到了風暴，這些絲綢被染料浸染了。如何處理這些被染料浸染的絲綢，成了日本人非常頭痛的事情。他們想賣掉，卻無人問津；想運出港口扔掉，又怕被環境部門處罰。於是，日本人打算在回程的路上把絲綢拋到大海裡。

港口區域裡有一個地下酒吧，洛克．菲勒經常到那裡喝酒。那天他喝醉了。當他步履不穩地走過幾位日本海員身邊時，海員們正在與酒吧的服務員說那些令人討厭的絲綢之事。說者無心，聽者有意，他感覺到機會來了。

第二天，洛克・菲勒來到輪船上，用手指著停在港口的一輛卡車對船長說：「我可以幫你們把這些沒有用的絲綢處理掉。」結果，他沒有花任何代價便擁有了這些被染料浸染的絲綢。然後，他用這些絲綢製成迷彩服裝、迷彩領帶和迷彩帽子。幾乎一夜之間，他就擁有了十萬美元的財富。

一個在別人眼裡已廢棄的商品因為洛克・菲勒的獨特眼光，變成了一筆巨大財富，如果沒有這種眼光，相信他還一直還處於做小商販的階段。創造財富奇蹟，靠的是平時對於資訊敏銳的捕捉力，如果沒有這種捕捉力就無法成功。在現代資訊社會同樣需要這種捕捉力讓我們成為現代做事博弈的勝者。

一條隱藏著價值的資訊對於沒有智慧力和眼光的人而言，就是一條應該永遠消失的廢棄物，但是在有敏銳眼光的人眼裡，世界每個角落裡都隱藏著財富的資訊。就看你是否具備這種捕捉的能力。資訊博弈的至關重要處在於你的眼光決定了你能否發現財富的價值，而這種眼光就是能夠於細微處發現有價值資訊的能力。

這種捕捉隱藏於細微處資訊的能力不僅僅爲那些世界級富豪大亨所專有，只要你有心，你也會成爲成功人士。下面的案例就是一個極其普通的女子在閒聊中發現的商業資訊，並很快透過這種隱藏的資訊成功致富，讓自己從一個普通的女大學畢業生轉瞬躋身百萬富豪的行列。

關小姐大學畢業後，到一家四星級酒店給一位法國大廚當助手。這個叫維克多的大廚，有個嗜好，酷愛抽雪茄。在一次閒談中，維克多告訴她，在歐美國家，雪茄幾乎無處不在。每個酒店裡都有頗具規模的雪茄專賣店；出入商務會所，朋友會請你到雪茄室抽一支；去酒吧喝酒，侍應生會給你遞來雪茄單，畢恭畢敬地向你推薦「大衛杜夫」、「凱西亞維加」等名菸。可是在北京，想買優質的雪茄卻很困難。

維克多的「抱怨」，讓這位關小姐頓開茅塞：既然買優質雪茄這麼困難，若是開一家雪茄專賣店，只要種類齊全，一定會大受歡迎。要知道，香港這個國際化的大都市，少說也有十幾萬外國人哪！維克多看這小丫頭膽子太大了，就善意地提醒她：雪茄可是一種奢侈品。產自牙買加的「麥克紐杜」一支港幣二百五十元，多明尼加的「大衛杜夫」一支是四百元，有的甚至上千元港幣一支！由此可見，投資一家專賣店，前期所需要的資金會多大。對一個剛畢業的大學生來說，這幾乎是天文數字。偏偏這小女孩是個初生之犢，沒被這天文數字嚇倒：優質雪茄的價格如此昂貴，難怪它會受到政要、富豪們的鍾愛。這樣看來，抽雪茄，其實還是一種身分和經濟實力的象徵，這裡面可就有商機了。

可是，到哪裡去弄一筆前期資金呢？當關小姐愁眉不展時，又是這個維克多助了她一臂之力：「我雖然討厭做生意，但對你開雪茄專賣店的想法很感興趣。如果可以的話，我願意以入股的方式投資一部分錢。」這讓關小姐又驚又喜。

她辭去酒店的工作，在旺角物色到一個門面，同幾個內行的朋友一起動手裝修，忙了兩個多月。很快，一家風格獨特的優質雪茄專賣店就熱熱鬧鬧地開張了。她的店位於鬧區，招牌上沒有中文，只有一行字母——Montecristo（蒙特）這是古巴雪茄中的一個著名品牌，內行人一看就知道裡面經營什麼。

現在，她手下已經有七名員工，個人資產早就超過百萬。現在她又琢磨著在外商雲集的上海開一家分店，下一個目標是深圳、青島……她的夢想，就是在中國開一百家「蒙特」分店。

有句話說：「處處留心皆學問」。無論對於一個公司來說還是對於一個人來說，我們都要處處留心資訊，資訊即是金錢，善於運用資訊博弈術的人能夠發現細微處的資訊，這種眼光就是決定其財富的元素。

（二）學會利用資訊，變資訊為優勢

現代社會是資訊科技日益發達的時代，人們從事的各種工作，都要和資訊打交道，甚至大部分時間是用來和資訊打交道的。而資訊在解決問題過程中的重要性，也日益凸顯出來。擁有訊息量的多少、收集資訊速度的快慢以及對資訊有效利用的程度，都決定了一個人解決問題的水準和能力。解決問題的鑰匙，往往就藏在資訊中。創意豐富的人，其實也都是佔有大量資訊的人。

任何時候，都不要只做被動接受資訊的那個人，要學會主動利用資訊。你可以搜尋各種資訊給自己帶來方便，帶來靈感，也可以透過發布資訊爲自己帶來利益。讓資訊爲我所用，才能成爲最大的贏家。因爲，很多時候，解決問題能力的高低，往往取決於一個人是否擅長發現被別人忽視的資訊。所以，我們一定要善於利用身邊的各種資訊。

某出版公司的封面設計師小楊，一直在為新書的封面苦惱。一個星期天，他在乘車時，路邊一個看板無意激發了他的靈感。於是，新的封面方案受到同事的一致認可，也獲得了良好的市場回饋。

一次，某辦公室「大掃除」，同事們「大刀闊斧」地把堆積了多年的舊文件拿去當廢紙賣，而銷售業務員小張卻把丟在地上的「客戶資料庫」檔案袋拾了起來，並從裡面挑出幾張名片保存。沒想到，正是其中一張名片，促成了一單大額的銷售合約。

工程師小王，一次和老同學電話聊天，聽說行業內某資料指標有所調整。同學只是說說而已，而小王卻是有心人，從當天就開始考慮怎麼把這個資料變化用在工作中。果然，日後小王的技術革新促成了公司產品的升級，而他本人也升職為公司的副總工程師。

業務員小劉，閒來與同行、朋友一起喝酒。席間有人談到某大企業的老闆林總對某餐廳一道名菜有偏好。小劉暗自驚喜——林總正是他久攻不下的客戶。於是，小劉在這餐廳訂了一桌富有情調的酒席，特意請林總赴宴，終於促成了這單生意。

這是一個資訊時代，很多時候你就是要利用資訊來幫你達成目標。在各個資訊中穿梭時，也許你會有不一樣的收穫。總之，資訊的作用在博弈之中非常重要，將博弈術還原到現實，人們不再完全理性，資訊存在不對稱，博弈就需要在搶佔資訊優勢上作出努力。

（三）從多種管道獲得更多資訊，增添成功的籌碼

大家都知道我們正處在一個「資訊爆炸」的時代，在這個時代裡，資訊就意味著機遇，誰能最快、最全、最準確地掌控有效資訊，也就等於把握了機遇，而一個人掌握資訊的多少就決定了這個人做事的成敗，掌握資訊越多的人，他的機遇就越多，從而成功的機率就越高。可見掌握資訊的多少對我們做事的成功是多麼重要，資訊博弈的重點是資訊的多少決定著博弈的結果。

戰爭年代，在敵我雙方對立博弈的過程中，誰掌握的資訊多誰就掌握了戰爭的主動權。二戰時期，正當不列顛空戰激烈地進行的時候，英國的情報部門成功地破譯了德國的情報密碼。這樣，英國人就掌握了對手的實情，獲取了資訊優勢。所以，英軍掌握了德軍的情報密碼，軍隊就有針對性地做好了戰鬥準備，成功地擊退了德國空軍一次又一次的進攻。

現在我們面對的是更爲複雜的市場戰爭，在當今時代，資訊無處不在地充斥在我們的生活、工作、職場、就業等事情中。同樣，我們的資訊也在社會的各個領域中扮演著重要的角色。在商業社會中，掌握資訊就是掌握了商機，也就掌握了金錢

的命脈，同時更是掌握了商業領域中的至高地位。

於一家企業或公司來說，任何一個階段都離不開資訊。而如果你掌握了最多的資訊，你就能成爲這個公司或企業的聰明人，也就是耳聰目明的人，那你在本企業內的人才競爭中就容易取得博弈的勝利。

那麼，爲什麼資訊的多少對於一個國家、一個企業如此重要呢？這是因爲，資訊是預測和決策的「原材料」。無論是問題的提出、分析、預測和方案的擬定、評價和選擇，都是以有關資訊爲依據，預測和決策中的任何一個階段都離不開資訊。

資訊的價值大家都有目共睹，那麼，如何獲得資訊，從什麼樣的管道中獲得對我們有價值的資訊呢？資訊博弈術告訴我們，從多種管道獲得資訊，這樣才能增添你成功的籌碼。

做事成功說容易也容易說不容易也不容易，關鍵在於你是否是一個有心人，是一個捕捉資訊的有心人。俗話說，皇天不負有心人。任何事情，只要遇到有心人就能迎刃而解。

就拿最簡單的投資股票的例子，爲什麼有的人能夠很輕鬆地賺到大錢，而有的人很辛苦地在螢幕前分析也賺不到錢？這就取決於每個人獲得資訊的方式和方法的不同。成功的保險係數是要能在多種管道中獲得準確資訊，為自己的投資增添成功的籌碼。炒股成功很多人認為是有內幕消息就是萬能的，但是我們身邊很多人炒股成功雖然有內幕消息，但他們也不單單僅憑著這一個消息來源，而是從多方面著手，比如時刻深入關注著各種新聞事件，無論是經濟新聞還是政治新聞還是娛樂新聞，只要是新聞，他們都會全部蒐集然後加以分析，發現其中的對自己所投股票有利的資訊，從而決定自己的投資。

對於現在面臨就業危機的大學生而言，要使自己成功就業就更需要從多種管道獲得就業資訊了。而不能僅僅關注網路中的招聘資訊，除了網路，我們還有周圍的親戚朋友等各種人脈關係，小型公司在門口貼的招聘資訊以及職介所等等。其實往往很多小型公司因為規模小，招聘人數少反而都不在網路中發布招聘資訊，大多數是透過熟人介紹或者是職介所的推薦或者是在公司門口貼個招聘告示。如果是有心的畢業生，就能在多種管道中找到能使自己生存的工作職位，從而實現就業。

對於一個新人來說，可能剛剛步入工作職位並沒有很多的人脈關係，要想在新的職位快速有成績，就需要透過多種管道獲得資訊。在惠普公司就有這樣一位新人，透過多種管道掌握了公司大客戶的資訊，從而在自己的職業生涯中邁出了成功的第一步。而世界聞名的惠普公司卻是在資訊時代的高速發展期建立了對企業至關重要的多管道資訊中心，從而對公司的大客戶進行有效管理。這位新人不但獲得了自身的成功，也爲企業帶來了新的有價値的客戶。

大家都知道，企業百分之八十的業務來源於大客戶。如今，對大客戶的管理已被很多公司列入銷售管理的重要議程。

衆所周知，資訊管道的開拓是銷售業務的開端，對每一個銷售組織或個體來說，資訊管道的建設與資訊的共用至關重要，對大客戶的管理同樣如此。

作爲客戶經理，一項重要的工作就是充分獲得客戶及競爭對手的資訊，並對這些資訊準確判斷。但在現實生活中，往往有百分之八十的資訊無法透過與客戶面對面的交流獲得，而是需要多層面、多管道的資訊共用與溝通。作爲一名有經驗的客戶經理，在獲取資訊時不能只聽一面之詞，最起碼要有兩個以上的訊息源才能確定資訊的可靠程度。

俗話說：「眼觀六路，耳聽八方。」在資訊時代要想做資訊超人，要想獲得成功，你需要學會資訊博弈術，要懂得從多種管道中獲得資訊，爲自己的成功增添籌碼。

（四）資訊失靈，成功的絆腳石

在資訊時代，大家競爭的是誰掌握的資訊多、誰掌握的資訊快、誰掌握的資訊準確、誰能掌握多種管道的資訊，而這裡面多種管道資訊網的建立恰恰可以避免單一管道所造成的資訊失靈。一個管道的資訊失靈，我們可以從其他管道再獲得資訊，從而保障自己做事的成功。在資訊時代裡的博弈最可怕的是資訊失靈，資訊博弈術提醒我們資訊失靈是成功的絆腳石。

在軍事戰爭中一個資訊的有效性是非常重要的，如果資訊失靈將必然導致戰爭的失敗。

一九四四年，為了報復美軍對日本本土的轟炸。日軍策劃了多種轟炸美國本土的方案，但因需跨越的太平洋實在太遼闊而難以實施。後來，人們採納了一位軍事氣象學家的氣球炸彈方案，特製了大量能攜帶炸彈升上一萬二千公尺高空的氫氣球，於十一月三日先後分批放飛了九千多隻，氣球到高空後就隨著高空西風向東飛去。西風的平均風速每小時三百公里以上，幾天後氫氣球到達了美國上空。由於氫氣的洩漏，氣球炸彈開始降落。其中，有數百枚炸彈剛好降落到美國大地上爆炸了，這些炸彈使美國森林頻頻發生火災。為了捉拿「縱火犯」，美國政府組織了大批人員日夜守護森林，終於發現是氣球炸彈在作祟。於是，美軍出動飛機去擊毀這些氣球。可是，氣球飛行在萬公尺以上的高空，當時的飛機很難在這個高度上作戰，加之氣球數量眾多，根本無法成功攔截。幸虧美國當時封鎖了一切有關消息，日本得不到訊息回饋，以為氣球炸彈未能發揮作用而沒有堅持這一轟炸行動。

由於日軍沒有得到有效的回饋訊息，最終只好宣布無條件投降，這次的資訊失靈對日本來說是致命的失敗，但是卻給世界帶來了和平。

在現代的經濟社會，一個資訊的有效性帶來的將是巨大的財富。在資訊時代的任何資訊，都將面臨著三種命運：它不被任何人知道，等待著被人發掘價值；它只被一些人知道而不被另一些人知道；它被所有的人都知道。而人們通常所說的「資訊失靈」，主要表現爲資訊不充分、資訊不對稱以及資訊不準確。當「資訊失靈」現象大量出現在某一市場時，該市場必將被扭曲，導致市場效率低下。無論是大的投資市場還是小到一個投機市場裡普通的一員，如果資訊失靈，只能導致做事失敗。

曾經有這樣一位從九〇年代初就炒股票致富的女孩子。她能夠成功致富的一個關鍵原因是因為她碰到了一個有可靠內幕消息的莊家，於是這個女孩子一直就跟著這個莊家在股票市場裡遊戲。在上個世紀她以不到三十歲的年紀就獲得了百萬資產，這種投機生意對她來說是再容易再輕鬆不過的了，因為她就以這個莊家帶來的資訊作為自己的主要投資方向。很快，這個外地一貧如洗的女孩兒在短時間內買了房子買了車，過上了讓同齡人都羨慕的中產階級生活。她也越來越依賴於這個莊家所透露的內幕消息了，反而沒有了開始的靈敏分析股市的能力。

但是俗話說，風水輪流轉。在本世紀初，這個女孩還是照往常一樣地用莊家給她的內幕消息進行投資，但是卻失敗了，而且這次投資失敗得非常慘，她把所有的錢都押進去了。這個女孩很奇怪為什麼資訊失靈了，她打電話到莊家那兒，根本就聯繫不到人。直到現在她也不知道為什麼自己的這個資訊在多次使用靈驗後卻突然失靈了。從此這個女孩子就沒有了可靠的內幕消息，她的王牌資訊失靈了，當然她也再沒有可以致富的寶典了。因為以前財富來得太容易，導致了她不願意投身傳統行業創造財富，現在的她只是億萬個小白領中的一員，再也不是那個身家百萬的富女人了。這個失靈的資訊成了她成功的絆腳石。

一個有效的資訊可以增加無窮的財富和利益，但是一個失靈的資訊所帶來的失敗也是非常可怕的。我們個人無法控制國家和政府的決策，只能控制自己的判斷力和分析能力，我們應該學會如何運用資訊博弈術，爲自己的每一次做事奠定成功的基石而不是絆腳石。

在資訊時代，不能獲得成功最可怕的莫過於資訊的失靈。這就是資訊博弈術要告誡大家的：資訊失靈是成功的絆腳石。

（五）採集有用資訊，做好危機預防

科學家做過這樣一項實驗：把一隻青蛙放到盛滿開水的大鍋裡。這隻青蛙一入水，便立刻感覺到環境的變化。於是迅速掙扎，蹦躍出水，雖受輕傷，卻避免了被煮死的命運；第二次科學家把一隻青蛙放到盛滿涼水的大鍋裡，然後，用小火慢慢加熱，青蛙沒有感到溫度的慢慢升高，一直在水中歡快地游動。隨著水溫逐漸增高，青蛙的游動漸趨緩慢。等到溫度升得很高時，青蛙已變得非常虛弱，無力掙扎，最後慢慢而又安樂地被煮死。

兩隻青蛙不同的命運告訴我們，舒適的環境容易使人忘乎所以、喪失鬥志；任何個人乃至組織都應學會居安思危，加強危機意識。否則，即便是有快速反應能力，也於事無補。所以，即使現在我們擁有良好的生存環境，但要想獲得成功，我們必須要採集有用資訊，做好危機預防。

近年來，滬上興起「企業投資綠化熱」，其中的領軍者當數陶新康領導的上海新高潮集團有限公司。陶新康談的最多的就是他的種樹計畫，來自於對企業未來發展危機的預防。

在現代的經濟社會，一個資訊的有效性帶來的將是巨大的財富。

第五章

做事博弈——讓行動更有效的生存法則

「領先一步，海闊天空，落後一步，寸步難行」。如今的社會競爭已進入全新時代，單憑過去老一套的競爭模式，很難在社會上立於不敗之地。當今社會競爭不是大魚吃小魚，而是快魚吃慢魚。快魚吃慢魚是經營者贏得市場競爭主動權，在發展經營中穩操勝券的法寶。在現今時代，我們想獲得成功要掌握的是速度博弈：快魚吃慢魚時代的生存法則。而且要能在這個生存法則中取得致勝權，這樣才能獲得成功。

（一）追求卓越，讓競爭心態增加生命的砝碼

在人生旅途中，我們不但要譜寫快樂的樂章，還要用明媚的陽光照亮我們的心態。而要擁有快樂的樂章和明媚的陽光，我們就需要追求卓越，讓競爭的心態增加生命的砝碼。追求卓越，讓競爭心態增加生命的砝碼是個人成功最重要的資本，也是我們個人最核心的競爭力。

現在社會中總流行著這句話：性格決定命運，器度決定格局，細節決定成敗，態度決定一切，思路決定出路，高度決定深度，格局決定結局。

「一種積極的心態，比一百種智慧都更有力量。」每個人的潛力都是無限的，有什麼樣的心態，就會有什麼樣的人生。因爲從根本上決定我們生命品質的不是金錢，不是權力，甚至不是知識和能力，而是心態。

你以什麼樣的心態面對人生，你就會獲得什麼樣的人生試卷。追求卓越，我們才能不斷地挑戰自我，才能不斷地發揮自身的潛能，讓自己突破一次次的人生臨界點。

二十世紀三十年代，英國一個不出名的小鎮上，有一個叫瑪格麗特的小女孩，

她自小就受到嚴格的家庭教育。父親經常向她灌輸這樣的觀點：「無論做什麼事情都要力爭一流，永遠走在別人的前面，而不能落後於人。即使是坐公共汽車，你也要坐在前排。」父親從來不允許她說「我不能」或「太難了」之類的話。

對年幼的孩子來說，父親的要求可能太高了，但他的教育在之後被證明是非常正確的。正因為從小就受到父親的「殘酷」教育，才培養了瑪格麗特積極向上的決心和信心。在以後的學習、生活或工作中，她時刻牢記父親的教導，總是抱著勇往直前的精神和必勝的信念，盡自己最大的努力，做好每件事情，事事必爭一流，以自己的行動實踐著「永遠在前排」的教導。

瑪格麗特上大學時，學校要求學五年的拉丁文課程。她憑著自己頑強的毅力和拚搏精神，硬是在一年內學會了全部課程。更加令人難以置信的是，她的考試成績竟然名列前茅。其實，瑪格麗特不僅在學業上出類拔萃，她在體育、音樂以及其他活動方面也都十分優秀，是學生中的佼佼者。

當年她所在學校的校長評價她說：「她無疑是我們建校以來最優秀的學生，她總是顯得雄心勃勃，每件事情都做得很出色。」正因為如此，四十多年以後，英國以至整個歐洲政壇上出現了一顆耀眼的明星，她就是連續四屆當選為保守黨的領袖，並於一九七九年成為英國第一位女首相，雄踞政壇長達十年之久，被世界政壇譽為「鐵娘子」的瑪格麗特．柴契爾夫人。

瑪格麗特．柴契爾夫人的這種追求卓越的精神雖然一開始是父親強行灌輸的，但是在她後來的人生旅途中，她一直把這種精神不斷完善，不斷豐富，以追求卓越，讓自己的人生趨向完美。這種競爭的心態就是其增加自己生命的砝碼，終於這顆生命的砝碼讓她成爲了上個世紀世界政壇上的重量級女性風雲人物。

我們在人生旅途中行進，要想走出與別人不一樣的陽光大道，就要不斷地充實和完善自己，給自己制訂一個競爭策略和戰略規劃，適者生存，不適者淘汰，我們必須用生態心理學來適應這再正常不過的自然規律。

追求卓越源自人類內心的一種深層衝動，是深入內心、具有強迫性的原動力，幾乎無法靠外在力量強迫而實現。追求卓越必須超越自我，因此，對於追求卓越的人來講，最高的要求、更高的目標永遠都是自己定的，他期望自己一直掌握著主動，他一直在挑戰、超越自我，他隨時準備著展現出超越他人期望的工作表現，他期望著給他人帶來驚喜。

在這人才輩出的社會，我們必須要面對來自各方面的競爭，競爭是人類的本能之一，要想在激烈的競爭中求生存、發展，必須充滿熱情地追求卓越。

有競爭的社會，才會有活力，世界才會發展得更快；有競爭意識的人，才會奮發圖強，實現自己的理想。在有競爭的群體裡，會出更好的成績，有更高的水準。競爭是不甘平庸，追求卓越。競爭，使個人完善，使群體上進，使社會發展。

讓競爭的心態增加生命的砝碼，在競爭的心態中，我們不斷地完善自我，譜寫生命的快樂樂章，讓生命的陽光更加燦爛。

（二）做決定不能優柔寡斷

我們是生存在一個快魚吃慢魚的時代，只有快速才能取得做事的成功。而追求效率最忌諱的就是猶豫不決，優柔寡斷。缺乏果斷品格的人，遇事優柔寡斷，在作決定時，往往猶豫不決，而在作出決定之後，又不能堅決執行。缺乏迅速果敢和機動靈活應變能力的人，只能坐失良機。

成功者的突出特點就是性格果決，多謀善斷。在《鋼鐵是怎樣練成的》一書中曾講述過這樣一段故事：保爾．柯察金在途中見到自己的戰友朱赫來被敵人的一個士兵押解著，這時，保爾的心狂跳起來，猛然想起自己衣袋裡的手槍。於是決定等他們從身邊走過時，開槍射死士兵，但是一個憂慮的念頭又衝擊著他：「要是槍法不準，子彈萬一射中朱赫來……」就在這一剎那之間，士兵已走近面前，在這關鍵時刻，保爾出其不意地一頭撲向那個士兵，抓住了他的槍，死命地住下按……朱赫來終於得救了。

試想，如果當時的保爾臨危時猶豫不決、優柔寡斷，不但朱赫來的性命不保，連他自己也要被敵人打死。這就是戰爭時代的殘酷，你不果斷下決定就要喪失生命。而當你的決定比敵人的行動還要快的時候，你就擁有了取勝的權利。這種戰爭年代的殘酷現實同樣適用於現代所謂的「和平年代」。

美國前總統羅奈爾得・雷根小時候曾到一家製鞋店定做一雙鞋。鞋匠問年幼的雷根：「你是想要方頭鞋還是圓頭鞋？」雷根不知道哪種鞋適合自己，一時回答不上來。於是鞋匠叫他回去考慮清楚後再來告訴他。過了幾天，這位鞋匠在街上碰見雷根，又問起鞋子的事情。雷根仍然舉棋不定，最後鞋匠對他說：「好吧，我知道該怎麼做了。兩天後你來取新鞋。」

之後雷根去店裡取鞋，他發現鞋匠給自己做的鞋子一隻是方頭的，另一隻是圓頭的。「怎麼會這樣？」他感到納悶。

「等了你幾天，你都拿不定主意，所以就由我這個做鞋的來作決定了。這是給你一個教訓，不要總讓人家來替你作決定。」鞋匠回答。雷根後來回憶起這段往事時說：「從那以後，我認識到一點：自己的事要自己拿主意。如果自己遇事猶豫不決，就等於把決定權拱手讓給了別人。一旦別人作出糟糕的決定，到時後悔的是自己。」

在現實生活中，能這樣「大膽」點撥我們的鞋匠不多，可是像雷根一樣遇事猶豫不決的人卻不在少數。

果斷的性格，可以使我們在形勢突然變化的情況下，能夠很快地分析形勢，當機立斷、不失時機地對計畫、策略等作出正確的改變，使其能迅速地適應變化了的情況。而優柔寡斷者，一旦形勢發生劇烈變化時就驚惶失措、無所適從。他們不能及時根據變化了的情況重新作出決策，而是左顧右盼、等待觀望，以致坐失良機，這些人常常被飛速發展的形勢遠遠拋在後面。

可見，果斷的性格無論是對領導者，還是普通工作者，無論是對於工作，還是對於生活和學習，都是十分重要的。果斷的性格產生於勇敢、大膽、堅定和頑強等多種素質的綜合。

有一天，三個探險家終於尋找到「希望之谷」，傳說中，只要站在山谷邊大喊心中想要的東西，然後往山谷中跳下去，就會得到滿谷想要的東西。於是他們三個決定試試。

第一個人希望有個漂亮的女友，因此他大喊「美女！美女！」往下一跳，果真有滿坑滿谷的美女正等著他去選擇……

第二個人喜歡看書，喊了「書書書書書！」然後，跳到山谷裡，也得到了滿坑滿谷的書……

第三個人平時就優柔寡斷，左思右想總是無法決定自己的最愛，過了一個小時以後，他終於下定決心，覺得還是鈔票最有用。於是他走向山谷邊……一不小心踢到一塊石頭，他罵了一聲「shit！」，不料一個重心不穩就跌下了山谷……

這上面說的雖然是一個看似滑稽的故事，但是像第三個人這樣的在我們的生活中並不少見。如果你想做成一件大事，就不要總是猶豫不決，拖泥帶水，哀歎命運對自己的不公。看準了機會果斷作出決策，就會迎來美好的明天。

蓋茲說：「猶豫不決是商家的大敵。在事情面前猶豫不決的人，難成大事。」

如果一個人做事優柔寡斷，就會喪失成功的良機。就好像上面故事中的第三個人。機遇轉瞬即逝，而且機會不會總來眷顧你，當機會來臨時，必須要果斷決定。

在消極地不作決定時，你們已經作出了選擇。因此，與其決定被動地讓生活控制你，不如作出行動的決定，讓積極行動對生活發揮影響。

做事優柔寡斷的人注定一生毫無成就，可以說無論是工作還是生活都是可憐的失敗者，但是這種失敗不是來自外在的壓力，而是來自內心的怯懦。相信每個人都不願意做這樣的人，如果你是一個優柔寡斷的人，那麼從現在起也要徹底地改變自己，訓練自己做事快速果斷。

在現在這個時代，做事優柔寡斷勢必將被快速發展的時代所拋棄，而一個要想在這一生做出一番成績的準成功人士，就要記住速度博弈術的作決定不能優柔寡斷。以堅定果斷的做事態度做事，這是成功的前提條件，也是一個成功人士的必備心理素質。

（三）快魚法則，誰慢誰就被吃掉

傳統的市場競爭一般是大魚吃小魚，小魚吃蝦米。一家企業在競爭中做大以後，就具有了一定的資金、人力、商業信譽等優勢，從而在自己的市場領域形成一個較強的壁壘。但按傳統的經營模式即使把企業做大了，也容易形成反應速度慢和運作成本高的弱點，許多大魚不及的領域成爲他們覓食的死角。如果有幸在這個死角中生存下來，小魚就有可能不斷發展壯大，最終成爲一條大魚，游出死角和「老大哥」一決雌雄。因此，現在的市場競爭流行的是快魚吃慢魚的生存法則，這種殘酷的競爭法則決定了速度博弈術的另一個警言：誰慢誰就被吃掉。

美國思科公司總裁約翰．錢伯斯在談到新經濟的規律時指出：現代競爭已不是大魚吃小魚，而是快魚吃慢魚。這無疑是成功者的經驗之談。如今市場競爭異常激烈，市場風雲瞬息萬變，市場訊息流的傳播速度大大加快。誰能搶先一步獲得資訊、搶先一步作出應對，誰就能捷足先登，獨佔商機。因此，在這快者爲王的時代，速度已成爲企業的基本生存法則。企業必須突出一個快字，追求以快制慢，努力迅速應對市場變化。

這裡所謂的「速度」不是指發展速度，而主要是指企業對市場變化的回應速度和對市場競爭的應變能力，「速度」已經成爲贏得競爭的決定性因素。

美國零售業巨頭沃爾瑪公司是全球最大的商品零售企業，它透過資訊管理系統網絡，把數萬家供應商和數千家營業部連接在一個系統裡，以「零庫存」經營，實現「天天平價」銷售。爲此，沃爾瑪公司要求其供應商必須對客戶的需求做出快速反應，所有的訂單都要求商品必須在指定的時間送到指定的地點。送貨時間過早企業沒有倉庫存放，送貨時間太遲又容易錯過最佳銷售時間，商品難以銷售出去，而要求準時交貨對供應商又造成很大壓力。顯然，解決這個問題，必須透過提高應變速度來滿足客戶需求，這就是速度經濟的優勢所在。

沃爾瑪公司深知，在這樣一個速度博弈的時代裡，如果你不比別人速度快，效率就比別人低，自然市場就被別人占領了。沃爾瑪透過資訊管理系統，用資訊產業化的現代經營管理方式，將全世界所有連鎖超市的庫存降爲「零」，用這種比別人快一拍的零售速度，來使自己的效率比別人高十倍，由於快速與高效率所實現的零庫存使得沃爾瑪始終佔據世界零售業巨頭的地位。由此可見速度與效率是成幾何倍數的比例，速度快一拍，效率高十倍。所以爲了能夠最大最快地占領市場，獲得最大的利潤，就要比別人速度快，以快速提高效率，取得市場競爭的勝利。

可以說，人的一生就是和時間競賽，時間是直線向前的，是稍縱即逝的，如果你做不了它的主人，那麼它就會做你的主人。在競爭日益激烈的商海裡，誰能做時間的主人，誰就能在最短的時間內，取得最大的效益，誰就有可能成爲「老大」。在時間上領先一步，就可能節節勝利。時間就是效率，時間就是生命。人生就是一場競賽，只有不斷地奔跑，才能在商場中不被他人吃掉。

在廣袤的非洲草原上，一天早晨，曙光剛剛劃破夜空，一隻羚羊從睡夢中猛然驚醒，「趕快跑」。它想，如果慢了，就可能被獅子吃掉。於是，起身就跑，向著太陽飛奔而去。就在羚羊醒來的同時，一隻獅子也驚醒了。趕快跑，獅子想到，如果慢了就肯定抓不住食物，那豈不是要餓死。於是起身就跑，也向著太陽奔去。

誰快誰就贏，誰快誰生存，一個是自然界獸中之王，但生存卻面臨同一個問題。如果羚羊快，獅子就餓死；如果獅子快，羚羊被吃掉。在自然界中這種生存法則就是必須快跑，誰慢誰就被吃掉。

這自然界的生存法則同樣適用於我們人類生存的空間。在市場競爭中同樣是看誰跑得快，跑得快才有成功的把握。當今社會生活中流傳著許多寓意深刻的故事，而企業管理中與之相仿的行爲和結果隨處可見。故事裡的哲理，給企業管理工作提供了啓迪性的思路。

有兩個人在樹林裡過夜。早上，樹林裡突然跑出一頭大黑熊來，兩個人中的一人忙著穿球鞋。另一個人對他說：你把球鞋穿上有什麼用？我們反正跑不過熊啊！忙著穿球鞋的人說：我不是要跑得快過熊，我是要跑得快過你。

故事聽起來有點無情，但競爭就是如此殘酷。因爲，我們面對的世界，是一個充滿變數且競爭非常激烈的世界，比跑得快不快，很可能成爲決定成功與失敗的關鍵。快、好、能幹、聰明其實都是相對的形容詞，有的時候知道我們競爭對手是誰非常重要。對企業而言，也是這個道理。在社會進入資訊時代的重要歷史時期，市場的反應速度決定著企業的命運，只有能夠迅速應對市場者，才能成爲市場逐鹿的佼佼者。

資訊經濟時代不再是「以大吃小」的時代，而是「以快吃慢」的時代，企業之間的競爭是速度的競爭，是對市場需求快速反應能力的競爭，世界上那些富有創建思想而且勇於實踐的企業家早已認識到這一點。例如微軟公司總裁比爾．蓋茲在其論著《未來時速——數字神經系統與商務新思維》中就指出：速度是企業成功的關鍵。同樣，英特爾公司總裁安德魯．格羅夫也說：歸根到底，速度是我們擁有的唯一武器。事實證明，在激烈的市場競爭中，任何一個企業要想生存和發展，取得較大的市場佔有率，就必須具備快速回應市場需求的能力，否則就無法在市場競爭中站穩腳跟。

人生最大的成功，就是在最短的時間內達成最多的目標。品質是「常量」，經過努力都可以做好以致於難分伯仲；而時間永遠是「變數」，一流的品質可以有很多，而最快的冠軍只有一個。任何領先，都是時間的領先。我們慢，不是因為我們不快，而是因為對手更快。

實現自己的目標應該像優秀的跨欄選手一樣，速度更快、更好，還要求不把柵欄碰倒！現在的商業競爭，沒有什麼祕密可談，誰能在最短的時間內，發揮自己的優勢，誰就能「稱王」。

（四）巧用妙招，事半功倍

體育課上的場景：「這個鬼鉛球，怎麼老是扔不遠！」一個小男生氣急敗壞地把它摔在了地上。眼看就到體育考試的日子了，可是他的鉛球成績連及格都不到。不是他練得不勤，每天放了學他都要拿磚頭練習一會兒才回家。也不是他力氣太小，他一口氣能做十五個伏地挺身。也不是因爲他個子太矮，早操隊伍位置他排在前面。

那是什麼原因呢？體育老師告訴他：「你呀，做什麼事情都需要動腦筋。問題出在動作上。你每次推鉛球時都是在扔，而不是在推，這怎麼能投得遠呢？推是腰腹一齊用力，借助轉身挺胸的爆發力把球送出去的。看，就是這樣。」老師邊說邊做著示範，「而扔只是憑手臂的力道，顯然那力量就遠不如推的大了。」

他這才恍然大悟，原來體育並不是有力氣就行的，也需要動腦筋，用巧勁。

這個事例道出了一個普遍的眞理，即做事要講究方法，技巧勝於蠻幹。技巧是一種分析判斷、解決問題和發明創造的能力，是敏銳機智、靈活精明的反映，也是充滿活力、隨機應變的智慧。知識經濟時代就是技巧升值的時代。

有這樣一個有關方法的有趣故事：上個世紀四十年代，紐約的一家銀行來了一位婦女，要求貸款一美元。經理回答，當然可以，不過需要她提供擔保。

只見婦女從皮包裡拿出一大堆抵押證券說：「這些是擔保，一共五十萬美元。」經理看著抵押證券說：「您真的只借一美元嗎？」婦女說：「是的，但我希望允許提前還貸。」經理說：「沒問題。這是一美元，年息百分之六，為期一年，可以提前歸還。到時，我們將抵押證券還給你。」

雖然心存疑惑，但由於那婦女的貸款沒有違反任何規定，經理只能按照規定為婦女辦了貸款手續。當婦女在貸款合約上簽了字，接過一美元轉身要走的時候，那經理忍不住問：「您擔保的證券值那麼多錢，為何只借一美元呢？即使您要借三、四十萬美元，我們也很樂意。」

婦女坦誠地說：「是這樣的，我必須找個保險的地方存放這些證券。但是，租個保險箱得花不少的費用，放在您這兒既安全又能隨時取出來，一年只需要六美分，划算得很。」

婦女的一番話讓經理恍然大悟，茅塞頓開。

許多人要麼把做人做事之道看得過於複雜，彷彿用盡渾身力氣，也無法達到完美；要麼把做人做事看得過於草率，認爲無章可循，無法可依。其實，成功做事是一門學問，更是一門藝術，它需要的不僅是滿腔熱情、遠大的志向以及不畏艱辛的努力，更需要奮鬥者聰明的頭腦，創新的意識，講究做事的方法。

一個人不管多聰明、多能幹，條件有多好，如果不擅長巧用方法，那麼，他將事倍功半。

從前有個小村莊，村裡除了雨水沒有任何水源，為了解決這個問題，村裡的人決定對外簽訂一份送水合約，以便每天都能有人把水送到村子裡。

有兩個人願意接受這份工作，於是村裡的長者把這份合約同時給了這兩個人。得到合約的兩個人中一個叫吉姆，他立刻行動了起來。每日奔波於一里外的湖泊和村莊之間，用他的兩隻桶從湖中打水並運回村莊，並把打來的水倒在由村民們修建的一個結實的大蓄水池中。

每天早晨他都必須起得比其他村民早，以便當村民需要用水時，蓄水池中已有足夠的水供他們使用。由於起早貪黑地工作，吉姆很快就開始賺錢了。儘管這是一項相當艱苦的工作，但是吉姆很高興，因為他能不斷地賺錢，並且他對能夠擁有兩份專營合約中的一份而感到滿意。

另外一個獲得合約的人叫湯姆。令人奇怪的是自從簽訂合約後湯姆就消失了，幾個月來，人們一直沒有看見過湯姆。這點令吉姆興奮不已，由於沒人與他競爭，他賺到了所有的水錢。湯姆做什麼去了？他做了一份詳細的商業計畫書，並憑藉這份計畫書找到了四位投資者，他們和湯姆一起開了一家公司。

六個月後，湯姆帶著施工隊和投資回到了村莊。花了整整一年的時間，湯姆的施工隊修建了一條從村莊通往湖泊的大容量的不銹鋼管道。這個村莊需要水，其他有類似環境的村莊一定也需要水。於是他重新制訂了他的商業計畫，開始向全國甚至全世界的村莊推銷他的快速、大容量、低成本並且衛生的送水系統，每送出一桶水他只賺一便士，但是每天他能送幾十萬桶水。無論他是否工作，幾萬的人都要消費這幾十萬桶的水，而所有的這些錢便都流入了湯姆的銀行帳戶中。

顯然，湯姆不但開發了使水流向村莊的管道，而且還開發了一個使錢流向自己錢包的管道。從此以後，湯姆幸福地生活著，而吉姆在他的餘生裡仍拚命地工作，最終還是陷入了財務問題中。

一架飛機撞山失事了。成群的記者衝向深山，大家都希望能搶先報導失事現場的新聞，其中有一位廣播電台的記者拔得頭籌，在電視報紙都沒有任何資料的情況下，他卻做了連續十幾分鐘的獨家現場報導。

你知道為什麼那位記者能搶得頭條？因為他未到現場之前，先請司機佔據了附近唯一的電話，掛到公司，假裝有事通話的樣子，所以當他做好現場報導的錄音後，跑到電話旁邊。雖然已經有好幾位記者在排隊等著，他卻只是將答錄機交給司機，立刻透過電話對全國聽眾做了報導。

電影界突然一窩蜂地拍攝有動物參加演出的影片。雖然大家幾乎是同時開拍，但是其中有一家，不但推出得早了許多，而且動物的表演也遠較別人精彩。

你知道那位導演為什麼成功嗎？因為在同一時間，他找了許多隻外型一樣的動物演員，並各訓練一兩種表演。於是當別人唯一的動物演員費盡力氣，也只能演幾個動作時，他的動物演員卻彷彿通靈的天才一般，變出許多高難度的把戲。而且因為他採取好幾組同時拍的方式，剪接起來立刻就可以將電影推出。觀眾只見其中的小動物，爬高下低、開門關窗、啣花送報、裝死促狹，卻不知道全是由不同的小動物演的。

世間許多異常的成功，都是以非常的辦法完成的。如果不肯動腦筋，和別人一樣循規蹈矩地做，那麼也就會和別人一樣平凡。現實生活中，許多人工作很勤奮，但就是不能取得突破，原因你明白嗎？不要忘記，任何問題都不止一種解決辦法。適時審視改進你的工作方法，就可以讓你事半功倍。

（五）第一次就把事情做好

有位廣告經理曾經犯過這樣一個錯誤，由於完成任務的時間比較繁忙，在審核廣告公司回傳的樣稿時不仔細，在發布的廣告中弄錯了一個電話號碼——服務部的電話號碼被他們打錯了一個。就是這麼一個小小的錯誤，給公司造成了一連串的麻煩和損失。

在工作中，我們平時最經常說到或聽到的一句話是：「我很忙，我有很多事情要做。」是的，在上面的案例中，那位廣告經理忙了大半天才把錯誤的問題處理妥當，耽誤的其他工作不得不靠加班來彌補。與此同時，還讓主管和其他部門的數位同仁和他一起忙了好幾天。如果不是因為一連串偶然的因素使他糾正了這個錯誤，造成的損失必將進一步擴大。

平時，當我們做事情有點心力交瘁的時候，我們是否考慮過這種「忙」的必要性和有效性呢？假如在審核樣稿的時候那位廣告經理能稍微認真一點，還會這麼忙亂嗎？「第一次就把事情做好」，是前人的經驗教訓，不過，要達到這句話的要求並非易事。

我們在做事的時候往往不夠認眞，總覺得時間有的是，機遇有的是，大不了重新再來。其實，這樣的想法是很不對的。成功者和失敗者的差別就在於，前者從不給自己迴旋的餘地，從不給自己偷懶的藉口，要做就做最好，絕不在嘗試錯誤的過程中浪費人生寶貴的機遇。

湯姆・布蘭德二十歲進入汽車廠的時候，就想在這個地方成就一番事業，但是和其他年輕人不一樣的是，他不僅抱著學習的態度工作，更抱著檢驗自己的態度而工作。他常常想，如果每一個工人在負責自己工作的時候，都能以最嚴格的要求來管束自己，不僅一次做好，更要一次做到最好，那麼工廠的生產流程會順暢許多，品質也會精益求精。所以，無論是曾經接觸過的流程，還是新的專案，他都會在做之前認真地向有經驗的工人請教，爭取一次做好，絕不重做。

就這樣，他從最基層的工作做起，在幾年的時間裡，幾乎先後在工廠每個部門都工作過一遍。這一方面說明了他積極主動，肯於吃苦耐勞。更關鍵的是，他做什麼事情幾乎都能「一次做好」。

湯姆在基層一待就是五年，他父親對兒子的舉動十分不解，他質問湯姆：「你工作已經五年了，總是做些焊接、刷漆、製造零件的小事，恐怕會耽誤前途吧。」

「爸爸，你不明白。」湯姆笑著說，「我並不急於當某一部門的小工頭。我以整個工廠爲工作的目標，所以必須花點時間了解整個工作流程。我是把現有的時間做最有價值的利用，我要學的不僅僅是一個汽車椅墊如何做，而是整輛汽車是如何製造的。更重要的是，在這些平凡的小事上面，更能考驗我的耐力、能力以及潛力。每一次我都會要求自己一次做好，並且做到最好。這樣，在日復一日做小事的鍛鍊上，我才能練就扎實的基本功。」

當湯姆晉升到管理職位上時，他的下屬們在湯姆甘於做小事，並且什麼事都力爭一次做好、絕不留下隱患、絕不拖延的工作風格的薰陶下，也愈加嚴格要求自己，再加上湯姆作爲管理者的嚴格要求，次級品產生率下降，產品品質不斷提昇，工廠欣欣向榮。

是技術上改進了嗎？是引進了先進的設備嗎？都不是。原因就在於每一個人，如果他們都能嚴格要求自己，一次做到最好，絕不留有重來的機會，那麼效率自然就提高了，品質也提昇許多。成功者做事情只在乎「一次做好」，無論是具有挑戰性的大任務還是日常工作中的小細節，事無巨細，態度一致。因爲他們懂得，只有一次做好，才能避免回頭彌補過去的失誤，才能輕鬆上陣，一往無前。

第一次就把事情做好如此重要，可是，在現實生活中，卻很少有人能做到這一點。究其原因，不是不知道要「第一次把事情做對」這個要求，而是對如何做到這個要求不甚了解。那麼，我們怎樣做才能一次做好呢？

首先，是態度問題。我們都明白「第一次把事情做對」的重要性與必要性，但另一句「人非聖賢，孰能無過」的論調比它更早一步地在思想裡紮了根。每當開始著手一個新挑戰，腦海中就會不由自主地浮現出「沒關係，第一次做，錯了也是正常的」、「誰會在乎這個呢」等等僥倖心理。所以說，態度決定一切，只有在抱定自己有能力第一次就把事情都做對的前提下，才能有「對」的行動被實施。

所以不妨試試心理暗示的方法，在以後每次開始大大小小的新事情時，就試著對自己默念「我可以一次就把事情做對」，以此來端正自己的態度。而這種長期的心理暗示也恰恰可以幫助解決第二個問題——習慣問題。

其實，是習慣問題。個人習慣是長期行動的一個慣性表現，只有長期的將每一件事情都在第一次就做對，才能說自己養成了這個好習慣。

而糾正一個人的習慣是很痛苦的一件事，但並不是不能實現，這就好像條件反射，若每開始一件事情，我們腦中都能浮現「我可以一次就把事情做對」這句話，甚至於到最後直接用行動而不是話語來實現這個理念，那麼我們也就養成了這個良好的習慣且不覺得痛苦了。

第一次就把事情做對是追求精益求精的一種工作態度。如果每個人都能恪守這一格言，其自身素質不知要提高多少。所以，無論做什麼事，都要盡善盡美地努力，以求得至美的結果，它不僅能提高工作效率和工作品質，而且能夠樹立起一種高尚的人格。這是一句令人心生感觸的話，值得每個人終生銘記。

第六章 學習博弈——及時充電，讓腳步跟上時代

社會發展到今天，變化越來越快，已經到了日新月異的程度，稍一停頓，我們就會被遠遠地甩在後面。在新鮮事物層出不窮、知識日益老化的今天，我們如何應對這樣的挑戰呢？中國有句俗語，「活到老，學到老」，或許是最好的答案。因為，學習是一輩子的事情。

現在是一個知識爆炸的時代，新生事物層出不窮，無論你畢業於名牌大學還是普通大學，無論你拿到了博士文憑還是小學文憑，都需要不斷更新大腦中的知識庫，以便盡可能跟緊時代的步伐。「落後就要挨打」，所以我們必須緊隨時代腳步，不斷給自己充電。做事成功博弈學之學習博弈的宗旨就是及時充電，讓腳步跟上時代。

（一）專業知識是成功的敲門磚

專業知識對於一個人能否在工作中取得成就具有很大的作用。專業知識好，自身工作才能做得好，才會得到上司器重。假使你是做研發的，研發方面的知識要專精；假使你是做銷售的，要掌握市場行銷知識；假使你是做人力資源的，招聘、培訓、考評方面的知識便必不可少。

眞正成大事的人，是那些知識豐富並對某一領域特別熟悉的人，他們有著專業的知識，充足的經驗，並將其巧妙運用，從而達到成功，實現價值。我們只有懂得運用專業知識，透過一個個切實可行的方案，才能不斷開拓創新，實現價值。毫不誇張地說，沒有專業知識，要獲得成功，在當今世界幾乎是不可能的。

美國的拿破崙·希爾博士寫道：「人類知識可分爲兩大類：一類是普通知識，另一類是專門知識。普通知識，不論其種類有多少，對於聚斂金錢，是很少能派上用場的，它是基本的，積聚性的，是大學各科系所有的，幾乎是所有文明社會都知道的。」接著，希爾先生進一步指出，專業知識本身是不會吸引金錢的，更不會去攫取權力，除非懂得運用我們的智慧，透過一個實際的行動方案，進行開拓創新，我們才能達到目的。專業知識本身只是一種「潛力」，我們必須懂得運用自身的條件，透過一系列有目的的行爲，才能將這種潛在的東西變爲現實的，使它給我們帶來實實在在的物質與權力以及榮譽。

拿破崙·希爾還認爲，絕大部分的教育系統，都只是一味地灌輸知識，而不懂得教學生將知識組織化，實用化，成爲「專業知識」。眞正成大事的人，是那些有特殊知識的人，他們能把自己智慧的靈光發揮得淋漓盡致，在追求中將普通知識昇華爲自己的特殊知識，從而達到成功，實現自我價値的完成。

在知識大爆炸，資訊產業化的今天，專業知識已成爲這個社會中最直接，最有力的「資產」，我們將自己的理想轉變成現實的成功，把我們的知識化爲現實的權力、財富。

一個擁有專業知識的人，可以透過不同的方式及途徑，提供自己獨特同時而又卓有成效的服務，以達到幫助他人克服困難，提高生活品質，發揮自身潛能，達到設定的目標。

現代社會的競爭極爲殘酷，所以，要想做一個成大事的人，就要在你那個行業或部門中成爲一流的人才，必須要擁有知識還有開拓創新的能力，更重要的是它們都最好能高別人一籌，那麼你就會遊刃有餘，大展身手了。你會以你的知識能力很快獲得別人的肯定與注意，不斷得到尊重。

拿破崙·希爾指出：「你若要成就大事業，一定要將你做的事情專業化。」如果留心一下，你便會發現，每一個成大事者都擁有很高深很高超的專業知識。

要知道，你所累積的知識與你的成功大小是有一定關係的。今天，這些科學家運用知識開拓創新帶來財富的成功事例仍然是有啓迪作用的，它告訴我們，要成就一番偉大的事業，必須以雄厚高深的知識作基礎。只有專業知識好，才能抓住機遇並展示自己的才能，從而提昇自己在別人心目中的影響力。若想眞正有所作爲，就需要有好的專業知識。

金融危機下，嚴峻的就業形勢讓很多應屆畢業生都異常擔心自己找不到稱心如意的工作，擁有在知名企業實習背景成了提高就業成功率的最有效方式之一。但一些學生也因此走入「重實習輕學習」的另一個極端，現場的人力資源經理們不得不提醒學生，不同職位對專業知識與實習經歷的側重度也有所不同，但同等條件下，專業成績出色的學生更能獲得企業的青睞。

儘管幾乎所有企業的相關負責人都建議在校大學生多參加課外活動與實習，多跟企業接觸，但他們也都強調：「學好專業知識最重要。」企業在選擇員工時，最優先考慮的前五個條件是：專業知識與技術，學習能力，工作態度並能配合公司發展規劃，敬業精神，團隊合作精神。由此可以看出專業知識和技術對就業人員的擇業佔據著首要地位。

專業知識的提高，有賴於不斷地學習，大多數公司都會爲員工提供培訓的機會，好好地利用這些機會來提高自己的專業水準，爲今後的發展增加籌碼。知識經濟時代，知識更替異常迅速，各種各樣的新知識不斷地湧現，如果你不學習，很快就會落後於時代。請謹記知識博弈術的名言：專業知識是一個人成功的敲門磚。

（二）不充電，會隨時處於危機狀態

現在是一個知識爆炸的時代，新生事物層出不窮，無論你畢業於明星大學還是普通大學，無論你拿到了博士文憑還是小學文憑，都需要不斷更新大腦中的知識庫，以便盡可能跟緊時代的步伐。不斷更新大腦中的知識庫就是給自己的大腦充電。我們都知道電動車不充電就會罷工，如果人不充電就會被時代所拋棄。因此知識博弈術告誡我們：不充電，會隨時處於危機狀態。

追求傑出的人從不會停止自我進修。對於成功的人生來說，一個人步入社會時擁有多少知識並不喘生決定性作用，其自我進修的態度才會決定事業成長的高度。

美國著名政治家艾爾因為家貧，小學未畢業就輟學了。依靠勤奮努力，他三十歲當選為紐約州議員。這時他的知識依然貧乏，甚至看不懂那些需要他表決的法案。但艾爾沒有氣餒，每天堅持讀書，如饑似渴地學習那些他需要知道，卻暫時不知道的知識，有時他一天要讀書十六個小時。而且他將讀書的習慣堅持了一輩子。在當選為紐約州州長的時候，艾爾已經成了一個學識淵博的人。他曾四度出任紐約州州長，創下了一個空前絕後的紀錄，而且先後有六所大學授予他名譽學位。

優秀人物從不認爲自己的學問已經夠用，相反，他們幾乎一致認爲自己所知甚少，需要靠不斷學習來滿足工作的需要。更可貴的是，他們不是把某些莫名其妙的知識裝在腦袋裡以炫耀自己的才情，而是將知識隨時應用於實踐，並在實踐中改進提昇，形成自己的獨特思想。所以，他們的事業也始終處於上升狀態。

即使你不想有傑出成就，即使你只是想在人生中處於一個比較好的位置，以獲得理想的生活條件，也有必要適時充電，以抵擋一波又一波實力不凡的競爭者。一般來說，在下列四種情況下，你已經到了必須充電的程度了：

其一，你的工作中已經沒有陌生的東西。人是熟悉的，工作也得心應手，你很少遇到難題，輕輕鬆鬆就能完成工作。這時候，你可能會覺得自己成功地適應了這項工作，恰恰相反，這正是你的危機所在。因爲社會的整體素質正在不斷提高中，一些文憑比你高，專業知識比你豐富的人可能會加入到你這個行業，成爲你的挑戰者。這時候，你正應該利用工作輕閒的大好時光，充實專業知識，使自己的競爭力更上一層樓。

其二，你的職業生涯處於停滯期，而且看不到上升的希望。有一位女士，是某著名服裝品牌的銷售經理，主管北方區的業務已經有三年時間。這個在別人看來令人羨慕的職位，卻讓她作出了辭職的決定。她說：「我感覺我的職業生涯面臨著前所未有的停滯狀態，總是在做著以前做過的事情，重複多於創新，而且以我目前的職位也很難再在公司有更大的作爲了。」辭職後，她打算到國外進修服裝設計專業，準備將來在新的領域裡打出一片天地。

當職業處於停滯狀態時，你不一定需要辭職，但你應該意識到，你跟更高一級台階之間還存在一定差距，你需要透過學習來彌補差距，如此，你的事業才會繼續上升。

其三，工作中開始出現你不懂的東西。一些新設備是你從未用過的，一些新技術是你從未學過的，一些新名詞是你從未聽說過的……總之，你遇到了一定的「技術障礙」，感到過去的知識已經不夠用了，當然不能坐等遭到淘汰的命運，要讓自己盡快跟上知識更新的腳步。

其四，職場之路過於順利。假設你當初學習的剛好是目前很熱門的專業，由於內行的人才很少，你極可能順風順水地享受高職、高薪。但正因爲熱門，必定有更多的人開始學習這一專業，他們掌握的技術也更成熟，將來極可能把你淘汰出局。假設你遇到一個特別賞識你的老闆，你也可能順利衝上很多人望塵莫及的高端位置，但這個老闆眞的能一輩子罩著你嗎？不管什麼原因，太順利的狀況總是不能持續很久，在一個激烈競爭的時代，辛苦打拚才是生活的常態。

所以，當你感到過於順利時，反倒要引起警惕。及時充電，以應付未來變化。

在人的一生中，每一個時期都會有一段迷茫期。然而，當你想盡辦法去努力度過時，偶然的回頭，你會發現自己又進步了。這就是規律，成長的規律。在現代這個講究實力講究速度的社會裡，人們一旦覺察到自身發出需要「充電」的信號，便會想盡辦法來給自己「充電」提昇自己。

有追求的人都是幸福的，因爲知道明天的路該往哪裡走。然而在這條路上，每個人的走法都會不同，關鍵是你更在乎的是什麼。如果發現自己迷惑了，失去方向了，那就靜下心來看一看想一想，該「充電」，的就「充電」不要以爲這是高收入群體的消費，這只是你往上走的台階。

但是需要提醒大家一點，那就是不要把「充電」當做跳槽的資本。一些人動不動就想跳槽，總是對現狀不滿，這山望著那山高，以「充電」作爲理由，而不能立足於本職工作，工作上毫無成績，這不僅不會成功，反而會落入萬丈深淵，一事無成。

（三）知識比財富更有價值

有句話說得好，知識能夠改變命運。沒錯，財富是會被人搶走的，可是知識就不一樣了，一旦你擁有了它別人就搶不走了。知識不等於財富，有知識才會有財富，但有財富不一定會有知識，財富是要靠知識得來的，知識一定會比財富重要。

所以說，要掌握知識博弈，就要認識到知識比財富更有價值。

人生在世，是知識重要還是財富重要？不同的人有不同的回答。有的人認為知識重要，有了知識不愁沒有財富；有的人認為財富重要，因為人生離不開財富。又因為思想支配行動，所以認為知識比財富重要的人，總是十分重視知識學習，千方百計尋求知識，獲得智慧；而認為財富重要的人，卻十分看重財富，千方百計尋找財富，撈取財富。重視知識的人，自己得到的知識很多，得到的財富卻不多，而且是從不吝惜個人所獲得的財富，但為社會所創造的財富卻很多很多；而重視財富的人，雖然獲取了不少財富，卻特別吝惜財富，而知識依舊貧乏。

無數的實例證明，知識比財富重要，其實知識裡面就包含著財富，甚至從某種程度上說，知識比財富更值錢。

一九三二年出生於加拿大安大略省，曾就讀於英國哥倫比亞大學和倫敦經濟學院，隨後獲得了麻省理工學院博士學位，一九七四年至今一直擔任美國哥倫比亞大學經濟學教授，最優貨幣區域理論的首創者，獲得「歐元之父」美譽的羅伯特·蒙代爾，他同時也是財政與貨幣政策合理配置理論、從貨幣角度研究國際收支及供給學的先驅。

一九九九年瑞典皇家科學院為表彰他在二十世紀六十年代獲得的成就——對不同匯率體制下的貨幣和對財政政策以及最優貨幣區域的分析，授予他諾貝爾經濟學獎，該項研究成果直接促成了歐元的誕生。

更有意思的是，蒙代爾在回顧自己的成長經歷時說：年輕的時候，我就非常喜好經濟學，我在華盛頓大學經濟系快要拿到碩士學位的時候，雖然那裡的條件不錯，但我覺得還是應該找一個更好的地方完成經濟學博士學位，我就找到我最喜歡的三位教授求教，第一位給我的建議是到能夠給你提供最多獎學金的大學去，他建議我去康乃爾大學；第二位教授建議我到最好的大學去，比如MIT等學校，借錢完成學業；第三位教授告訴我應該找一個非常富有的女孩子結婚，用她家的財富幫助我完成學業。我聽從第二位教授的建議，去了麻省理工學院。如果當時蒙代爾沒有選擇繼續進修則沒有後來歐元的誕生。而蒙代爾在知識和財富的抉擇中選擇了知識，雖然當時放棄了獲取財富的機會，但事實證明，他後來所擁有的知識同樣創造了財富。

俗話說：「要想致富，首先富腦。」、「縱有家產萬貫，不如薄技在身」。在過去的農業經濟時代，人們所依靠的最大財富和支撐就是土地；到了工業經濟時代，最大的財富是資源，誰擁有資源、能源，誰就擁有了財富；而在今天的知識經濟時代，人們最大的財富就是知識。不僅如此，知識財富還是一個永遠不會貶值、不會喪失的財富。

在農業時代，如果一個人擁有價值二百萬的土地，當地價下滑時，他的財產就會減少，而一旦把土地賣掉，它就不再屬於你了；在工業時代，你的工廠、設備都可能因爲經濟不景氣或經濟危機而大幅貶值。但在知識經濟的時代，你的頭腦、你所擁有的知識絕不會因爲曾經賺過二百萬之後就變得不值錢，而是恰恰相反，具有更高的價值。所以，知識是我們獲得最大財富的根本條件，是現代成功不可或缺的主體。

知識比財富更有價值。李嘉誠先生提出：「我們正在跨入的二十一世紀，是知識和知識經濟的世紀，知識將最大程度地決定經濟發展、民族進步、國家富強以及人類文化的提昇。知識是推動發展的最重要工具，改變命運的機會就掌握在我們自己手中。」相信這是他對自己成功經驗最精闢的總結。

獲取知識必須透過學習，只有不斷地學習，才能擁有足夠的知識去創造更大的財富。而在資訊社會裡，知識的飛速發展和更新使學習成爲一項伴隨我們終生的行爲，可以說，我們已經進入一個終身學習的時代。知識博弈術的至理是，知識比財富更重要，知識比財富更有價值。願這一眞理能夠被更多的人所認識和接受，讓自己在知識時代成爲做事成功的「超人」。

（四）學習是捕捉機遇的工具

學習作爲一種獲取知識交流情感的方式，已經成爲人們日常生活中不可缺少的一項重要內容，尤其是在二十一世紀這個知識經濟時代，自主學習已是人們不斷滿足自身需要、充實原有知識專業，獲取有價值的資訊，並最終取得成功的法寶。在知識經濟時代，學習更是捕捉機遇的工具。

學習，尤其是自主學習在今天得到越來越多人的關注。學習是做好工作的基礎和前提，是提高自身素質的基本途徑，學習是對自身最好的投資。當今社會，知識就是資本，知識就是財富。誰佔有知識，誰就佔有發展的主動權，誰的知識更新快，誰就掌握了經濟的制高點。

學習是一個人成長的歷程，也是提高水準、增強素質、歷練人生的大好時機。

現代科學技術日新月異，如何把握新技術新方法，有許許多多的途徑可以實現。只有不斷地學習，才會有更大的收穫和更多的機遇。機遇有的是，關鍵在於如何把握。不要寄希望於天上掉餡餅的事，實際上所有的機會都是自己創造的。學習、工作不努力，永遠沒機會。不努力，即使機會在自己面前，最終也會失去。不要怨天尤人，人生需要努力！

德子初中畢業之後就輟學在家了。做了兩年農事後，覺得這麼做下去沒有前途。思考了三個晚上，他決定去城裡尋求發展。於是就去了已經在城裡打工三年的表哥那裡。

表哥雖在公司工作，但做的是力氣工作，也只能在公司裡替德子找了一份同樣是出力氣的工作。德子工作認真，肯出力。但他看著公司裡那些坐辦公室的白領羨慕得不行，因為他們賺的薪資是他的十倍左右。這時德子才格外地意識到知識的重要性。

於是，德子上班一個月後就偷偷地利用晚上業餘時間去參加電腦培訓班。後來又參加了高等教育自學考試。

打工的錢，德子大都用在了學習上。表哥教訓他：「德子，我們們就是出苦力的命，你就別癩蛤蟆想吃天鵝肉了。賺幾個錢也該娶個老婆養個兒子了，這才是正經事。」

德子聽了不服氣，卻也不爭辯，只是照樣看他的書。就這樣三年下來，人家賺了十萬多元，德子卻只擁有一張自考大專文憑、三個培訓班的結業證書和滿滿三紙箱的書。

一天晚上，公司的庫房突然失火了。老闆急得幾乎是要跪著求大家去救火。員工們似乎都不大肯出力，因為那庫房裡有易爆物品，搶救過程中可能會發生爆炸，弄不好會把命送掉。唯有德子救火最賣力。後來消防隊來了，火很快就被撲滅了。

德子的表現給老闆留下了深刻的印象。一個星期後，老闆把德子找到辦公室裡，親自塞給他一個厚厚的紅包。

老闆給德子倒了一杯茶，就和他閒聊起來。他沒想到眼前這個不起眼的打工者看問題談經營都極有見地，當下決定要讓德子當他的助理。

德子連忙搖手說，我不行，我不行！

老闆說，就憑你好學上進，工作肯出力氣，又負責任，我看你準行。相信我，我這個人看人是不會有錯的。

老闆看人果然沒有看錯。德子做了兩年，業績相當不錯。現在他又被提為公司的副總經理了。

德子的表哥早已換了家公司打工，做的還是力氣工作。他的薪資只有德子的二十分之一。喝了酒，表哥總愛和人吹他表弟，他說：「我那表弟德子真是有好運氣。闖蕩『江湖』也就幾年時間，就坐到副總的位置了。」

作為一名職員，哪怕是打工者，只要你對所從事的工作認真熱情，腳踏實地、任勞任怨，而且懂得不斷地為自己學習充電，不斷地提高自己的素質，那麼總有一天機會會降臨到你的頭上。善於學習的人，生活就會給你更多的回報。

一切財富和機遇都是從學習中來，所以平時利用空餘時間多學習，即使是隨手翻閱一本雜誌，瀏覽一份報紙也能獲取資訊、豐富知識、儲備與人交談的資料，激發靈感。可以豐富自己的思維，擴大自己的視野，深化自己的思想。

如今的社會是學習型、知識型社會，繼續教育、終身學習對每個人來說都非常的重要。生命有限，學海無涯。常常告誡自己要帶一些空杯上路，因爲杯子會越倒越空，自己需要學的東西也就越多，而學得越多，自己就越充實。一個人倘若需要從思想之中得到快樂，那麼他的第一個欲望就是讀書學習。好好學習，做一個時刻有準備的人，才能及時把握住時間，把握住機遇，實現夢想……懂得「學習是捕捉機遇的工具」的人才能在機遇來臨時及時抓住，從而讓自己走向成功。

（五）學歷固然重要，但能力才是鐵飯碗

當今社會，人們對高學歷越來越看重，大學生比比皆是，研究生越來越多，很多企業在招聘時都以學歷挑選人員。然而，高學歷並不代表高能力，知識份子未必是「能力分子」，選拔人才、提拔人才時更要注重其實踐能力。

在一些媒體的招聘啟示上，我們有多少人對一些著名公司開出的條件搖頭歎息？其實在他們內部，到底是什麼樣的狀況呢？據我所知，在可口可樂的銷售部門中，一些區域經理和大區經理只有高中或者專科學歷，他們都是從基層一步步做到管理層的。還有些主管級的人員，甚至學歷在高中以下，但是在銷售工作中，他們是無可質疑的銷售精英。他們並不是按照一般的招聘程式被聘用的，而是透過最簡單原始的辦法：朋友介紹。

新力企業能取得今天這樣的成就，當然要首推其創始人盛田昭夫的功勞。世界

上很多機構都在調查和研究新力的成功秘訣，盛田昭夫也曾經寫過一本總結自己管理經驗的書：《讓學歷見鬼去吧》。他在這本書中這樣說道：「我想把新力企業所有的人事檔案全部燒毀，以便在企業裡杜絕學歷上的任何歧視。」不久之後，他就眞的將這句話付諸實踐了，此舉促使一大批人才脫穎而出。

西武企業集團是日本的一個經營飯店、鐵道、百貨等服務行業的龐大企業組織。西武集團總經理堤義明被松下幸之助譽為「日本服務第一人」。西武集團成功的原因與堤義明獨特的用人之道密不可分。

西武集團聘用新職員有一個顯著特點，就是大學畢業者和高中程度的人都有同等機會成為西武的職員。堤義明從來就反對迷信一紙文憑的「學歷信仰症」，他手下很多高層經理都沒有學歷，卻有學識、誠意和人格，但是他也並不反對聘用有學歷、學識和教養的專家。

有一次，在和松下幸之助談話時，堤義明作了一個大膽的假設：如果把松下幸之助和本田宗一郎這樣的人，送到東京大學受教育，那很可能就沒有今天的松下電器和本田汽車了。

一般的大企業，都千方百計地吸引具有高學歷的年輕人到其企業就職，但是堤義明從來不追隨別人的做法，不刻意去搶大學畢業生。他說：「一般的大企業打的算盤是，每聘用十個大學生，將來有一個成才，就已經心滿意足了。我倒不同意這種觀點，我寧可仔細地挑選恰當的大學畢業生，然後把更多的工作機會留給那些沒有機會接受大學教育的一般年輕人。我的打算是十個大學生就有兩個以上的人成才，那麼，每接收二十個學歷較低的人進企業工作，就希望有一個人會出人頭地。」

堤義明在解釋不用一流大學畢業生的理由時說：「我的西武集團，不是一流大學畢業生的安樂窩，但卻保證是一流人才的工作場所。隨便把經理的職位給一個一流大學的畢業生，他可能因為自己是一流大學出身的，覺得自己該坐經理的位子，反而不會珍惜他的職位。可是，一個沒有大學學歷或是來自三流大學的年輕人，你覺得他有潛力又力求上進，讓他升任經理，他肯定喜出望外，而且會加倍地努力，做好他的分內工作。理由很簡單，這類人懂得珍惜自己所得到的任何機會。」

這種排除學歷條件，挑選、培養有潛力人才的方法，在日本是少有的，而堤義明卻堅持這麼做。西武集團出現了一種很獨特的現象，就是沒有人拿讀過什麼大學來炫耀自己，甚至也沒有人提自己過去的學歷。

堤義明認為，學歷只能證明一個人受教育時間的長短，而不能證明一個人具有的實質性的才能。在西武，所有考試合格進企業的職員，頭三年都只派到最普通的職位上去當小雜工。三年的打雜，是一種最初階段的考驗。堤義明認為沒有三年的磨練與觀察，經理不容易從大群下屬職員中找出可以勝任艱難工作的好手。

總之要明白，學歷並不是衡量一個人是否眞正有才能的唯一標準，不要被學歷遮住了成功的視野，應該注重自我的實踐能力。學歷僅能說明一個人具有某一學習經歷或者具有某一專業系統知識的可能性，它不完全代表一個人在具體職位上的能力，它只反映了一個人知識和能力的層次與高度，學歷與能力是相輔相成的。誠然，一個沒有恰當學歷的人，能力再強也往往難以被人發現，但一個高學歷的人如果沒有相應的能力，卻更容易被社會所淘汰。因此，一個人的學歷只是他從事某項工作的基礎，他能力的高低才是勝任職務的關鍵。

學歷是進入一個企業或是一個領域從事工作的入門通行證，但是進去之後如何才能在衆多的高學歷人群裡獨樹一幟，成爲一個成功的職場人，還必須具有相當的能力。所以要記住，學歷固然重要，但能力才是鐵飯碗。

第七章

合作博弈——合作共贏，不要一個人戰鬥

合作是存在於我們現實生活中的一種普遍現象。合作能實現雙方的最大利益，實現雙贏。合作博弈的企業理論，即把企業看作股東和雇員形成的聯盟，共同構成企業特質性資源，形成組織，並透過合作博弈，共同分享，從而達到一種組織均衡。

合作博弈的社會理論是彼此相關的人組成聯盟，構成利益共同體，彼此之間透過合作博弈，共同承擔風險與成功，從而形成一種社會平衡。可以說，二十一世紀不再是單打獨鬥的年代了，這個時代會因為一種嶄新的局面而進行合作。這就是做事成功的博弈術之合作博弈，合作博弈講究的是合作共贏，不要一個人戰鬥。

(一) 現代社會，不要一個人去戰鬥

人的成長是依賴——獨立——互賴的過程，最高的境界就是互賴，共贏。小成功靠自己，大成功靠別人，也就是團隊。

其實，在現代社會個人任何的成長和前進都離不開別人的支持。社會是人群的組合，而「人」字的結構也很奇特，一撇一捺。你我共同組成一個奇特的支撐體，少了誰都會倒下。一個人有他的價格和價值，價格是別人給的，但是價值是自己提昇的。你希望自己值多少錢，就要讓自己具備多少價值，與人合作共贏的基礎就是你有多少能給別人的價值。合作、優勢互補、雙贏。合作雙贏是一門大學問，誰認識到了，誰就是最後贏家。

在專業化分工越來越細，市場競爭越來越激烈的今天，單打獨鬥的時代已經過去。沒有人能依靠一己之力獲得某項事業的成功。唯有依靠團隊的力量，依靠他人的智慧，才能使自己立於不敗之地。單打獨鬥無法給自己帶來成功，任何成功都不會是孤立產生的，即使聰明絕頂的人，也離不開他人的支持。因此，要想有所成就，要想擁有自己的事業，就必須懂得如何與他人合作，不要自己單打獨鬥，這樣

只能是孤立無援。

二十多年前，賈伯斯和沃滋是在同學的一家車庫裡結識的，當時他們都是中學生。這兩個電腦迷想要一台「8800」，可是一時又湊不起錢，於是決定自己動手裝。賈伯斯和沃滋賣掉了自己的一些東西，湊起錢準備裝一百套「蘋果I」電腦板，然後每台售價五十美元，可賺回二千二百美元，正好夠他們的本錢。「蘋果I」是沃滋設計的，目的是降低成本。賈伯斯拿著樣品到當地的電腦商店去兜售，這家商店只訂了五十台。他們說，社會上大部分人不是想買散裝件，而是想買整機。這給了賈伯斯最重要的市場訊息，而當時賈伯斯仍無意做企業家。但這家商店的經營者卻是個有心人。

為了敦促賈伯斯去設計製作微電腦整機，商店經營者便把「蘋果I」故意裝在了一隻粗糙不堪看起來很沒有檔次的木頭盒裡。當賈伯斯再次到這家商店去的時候，他們就給設計者賈伯斯展示出了帶有木頭外殼的「蘋果I」，這促使賈伯斯下決心去設計製作美觀的外殼。賈伯斯和沃滋終於決定設計、生產完整的微電腦了。這就是後來著名的「蘋果II」。

賈伯斯和沃滋原來都是技術人員，當他們決定自己開公司後，首要的問題是籌措資金。這時，風險企業家開始光顧這兩位年輕人了。來光顧的第一位是唐．瓦倫丁，他是賈伯斯和沃滋的老闆介紹過來的。瓦倫丁來到賈伯斯家後，看到賈伯斯穿著牛仔褲，散著鞋帶，留著披肩長髮，蓄著一臉大鬍子，怎麼看都不像是一位創業者的樣子。瓦倫丁先生覺得不妥，終於未敢問津，而把賈伯斯和沃滋介紹給了另外一位企業家——英代爾公司的前市場部經理馬克庫拉。這是一位精明練達的風險企業家，對微型電腦業務十分精通。這位三十八歲的富翁來到賈伯斯的車庫裡，仔細詢問並實地考察了「蘋果」的樣機，提了一大堆問題。最後問起了關於「蘋果」電腦的商業計畫。賈伯斯和沃滋對買賣一竅不通，兩人當時面面相覷，說不出一句話來。可是馬克庫拉獨具慧眼，看出了這兩個年輕人是不會讓他失望的，於是他告訴賈伯斯和沃滋一個詳細的計畫是吸引風險資本所必須的。

此後，馬克庫拉給他們倆上了兩星期的管理課，他們三個人日夜工作，制訂了一項「蘋果」電腦的研製生產計畫。馬克庫拉首先將自己的九萬美元先期資金投入，又幫助賈伯斯和沃滋從銀行取得了二十五萬美元的信貸。接著，他們三個人又帶著計畫去馬克庫拉熟識的風險投資家那兒去遊說，吸引了另外六十萬美元的資金。至此，蘋果公司吸引了接近一百萬美元的風險資本。他們聘請了三十三歲的邁克爾・斯科特當經理，因為他熟悉積體電路生產技術。馬克庫拉、賈伯斯任正副董事長，沃滋任研究發展部副經理，蘋果微電腦公司就這樣正式開張，走上了它飛速發展的道路。

賈伯斯和沃滋，以及商人唐・瓦倫丁，再到後來的馬克庫拉，這些人之所以能夠成功，就是因為他們合作與溝通的結果。如果賈伯斯和沃滋沒有遇到馬克庫拉，不僅沒有他們後來的成功創業，包括微電腦的歷史恐怕都要重寫了。

在蘋果公司這個合作團隊中少了任何一個人都不能發展到今天的規模，每個人都是這個團隊中一個重要的組成部分，每個人都有自己擅長的地方，大家的優勢集合就能創造出個人無法比擬的大成功。

在我們今天的社會裡，要想靠單槍匹馬笑傲江湖，是越來越難了。每個人都需要合作夥伴。所謂「一個好漢三個幫」、「紅花還要綠葉扶」，就是說現代人要有合作意識，共同創業。現代社會已經不是一個人的英雄時代了，一個人在社會上很難成功，大家都需要在一個共同合作的平台上發展，這樣才能取得多人合作下的大成功。

一個人的戰鬥注定會走向失敗，因爲一個人的力量非常有限，總有自己的不足，需要借助他人和團隊的力量才能獲得更大的成功。這也是合作博弈術要告訴我們的，現代社會不要一個人去戰鬥。

（二）一根筷子與一束筷子，哪個力量大？

人與人之間的合作都是爲了相互提昇、相互促進而開始的，並不是爲了自己的一己私利開始。我們在生活中無論做任何事都要有一種合作意識，有一種團隊精神，因爲團結就是力量，懂得合作就等於成功了一半。在生活中，我們大都知道這個實驗，就是一個人折斷一根筷子是很容易的，但如果是一束筷子，沒有武功、特技或是超人的力氣是根本折不斷的。這種實驗應用到做事博弈上就是一個非常有哲理的問題：一根筷子與一束筷子，哪個力量大？答案大家都知道的，這就是合作博弈的成功之處。

一滴滴小水珠匯成大海，一顆顆小星星構成明亮的星空，人多力量大，齊心力量大，集體的力量大無比。一個人做事很容易失敗，但是如果是多人做事，形成一個團隊，那失敗的可能性就減少了很多。「衆志成城」，只要衆人心齊，任何事都能成功。

五個指頭是親兄弟，一直和和氣氣，可是有一天卻突然吵架了，各誇各的本領大。大拇指說：「每次主人誇別人時，總是把我伸出來說真棒，真棒，我最有用吧！」食指說：「每次主人要品嚐味道時總是把我伸出來，用我蘸一下就知道食物的滋味了。怎麼樣，我最棒吧。」中指說：「別吹牛啦，你們有我高嗎？要說高矮，我才是第一呢！」無名指說：「人們都喜歡我，雖然我沒有名字，但愛漂亮的人還會把戒指戴在我身上呢。我最討人喜歡吧！」小拇指說：「你們不是太粗就是太長，有什麼用處。還是我好，小巧玲瓏、活潑機靈，用處最大。」

這時，主人聽到了它們的對話，就說：「你們誰能把我寫錯的這個字擦掉，誰的本領就最大。」

大拇指說：「這還不簡單，瞧我的！」只見它大搖大擺地走了過去，向左一推，沒有拿起橡皮，向右一推，還是沒有拿起橡皮，只能灰溜溜地回來了。這時，食指不耐煩地說：「瞧你笨的，看我的。」它把身子一彎，費了好大的勁才勉強把橡皮勾了起來，可是無法擦除錯別字。中指、無名指、小拇指同樣沒有辦到。

看到這裡，主人對它們說：「你們一起用力來試一試？」只見五個手指齊心協力輕易地把橡皮拿了起來，並把錯字擦得乾乾淨淨。

從這則寓言故事中，我們同樣可以懂得，只有大家齊心共同努力做事才能成功。一個人的力量是那麼的單薄，很容易被摧垮，但是如果集合成一團，形成一個團體，任由什麼樣的艱難險阻都無法阻擋，集體的力量可以跨越任何困難，只有集體的力量才能走向成功。

所謂合作，乃是一群人以心志的統一，力量的統一來共同追求某一特定的目標。成群的大雁以V字形飛行，比一隻雁單獨飛行能飛得更遠。自然界的這一普通現象不正透露著合作的眞理嗎？只要懂得合作，就會「飛」得更高，更快，更強。

合作無處不在，社會力量的合作，團隊與團隊之間的合作，夥伴之間的合作，家庭的合作，老闆與員工之間的合作等，各個社會團體協調與合作，正如九大行星相互依賴。

如今，合作不單是一種精神，更是一種生存需要。新世紀的生存之路，絕不比我們以往的路好走，有無數挑戰在等待著我們。然而在生活中，有許多才華出衆的失敗者。因爲他們不懂得合作的重要。他們不明白，現代社會已不再是孤獨劍客的時代，而是一個高度專業化，又高度複雜的社會。時代已發出了強有力的呼喚——

合作。一個人的力量遠沒有衆人的力量強大，要記住合作博弈的哲理：一根筷子的力量沒有一束筷子的力量大。

（三）善借他人之力，讓自己不斷增值

在現代社會中，經濟迅速發展，各行業各部門之間的競爭非常殘酷，單靠一個人的能力是很難取得事業成功的。因此，必須借用別人的力量，才能取得事業的成就和創造燦爛的人生。

如今，借力這種手段已被政治、經濟、文化以及外交等領域廣泛運用，而且大有日趨擴展之勢。對於人際交往，它不失爲一種提高自身形象，擴大自己影響的策略和技巧。在創業中，善借他人之力，可以幫助我們累積資金，爲我們創業提供條件。

二〇〇〇年，美國富比士雜誌評出的五十位中國富豪中，其中第二十四名的張果喜，就是善於借別人的力量為自己辦事的高手。

張果喜素有「巧手大亨」之稱，他看準了佛龕在日本市場的潛力，就招聚公司

員工進行分析、達成共識，使產品在日本市場一炮走紅，成為日本佛龕市場的領導者。

公司為了經營的需要，在日本委託了代理銷售商，但一些富有眼光的日本商人看到經營這種佛龕有大利可圖，為了賺到更多的錢，就想繞過代理商這一關，直接從果喜實業集團公司進貨。

張果喜仔細地考慮了這件事情。從眼前利益來講，從廠方直接訂貨，就減少了許多中間環節，有利於廠方的銷售，然而卻破壞了與代理商之間的關係。同時佛龕在韓國和台灣地區也有相當大的生產能力，代理商如果背向自己，與韓國或中國台灣地區生產廠家合作，豈不影響本公司的利益嗎？

張果喜果斷地回絕了那些要求直接訂貨的日本朋友，並且把情況轉告給代理商，向代理商表示，公司在日本的業務全部由代理商處理，公司不透過其他管道向日本出口佛龕。

代理商聽後，很受感動，在佛龕的推銷和宣傳方面下了很大的功夫，並且在日本市場打出了「天下木雕第一家」的金字招牌；從而使張果喜公司的佛龕在日本市場上站穩腳跟。

「君子生非異也，善假於物也。」是《荀子．勸學》篇裡的一句話，意思是說君子的本性跟一般人沒什麼不同，只是善於借助外物罷了。但凡有大作爲的人，他的成功往往不是一己之力達成的，而是借助其他人的力量，或者與其他人合作而完成的。當今社會，競爭如此激烈，我們更應在自己的能力之上學會善假於物，從而百尺竿頭，更進一步，讓自己脫穎而出。

一個人，縱然是天才，也不是全能的。尼采鼓吹自己萬能，結果發瘋而死。一個人要想完成自己的事業，就必須要利用自己的才智，借助他人的能力和才能。這就要求在事業的開展中，恰當地選擇人才。

商業是一個不斷增值的過程，所以，要讓錢不停地多起來，就應該把整個世界的錢爲自己所用。商人的經營原則就是沒有的時候就借，等你有錢了就可以還了，不敢借錢是永遠不可能發財的。存錢只會讓人變得越來越貧窮，因爲連他的思維也貧窮了；賺錢則會讓人富有起來，因爲這是一個富人的思維。

「沒有能力買鞋子時，可以借別人的，這樣比赤腳走得快。」這句話說明一切都是可以靠借的，借資金，借技術，借人才。因爲這個世界早已爲你準備好了一切需要的資源，你所要做的僅僅是把它們蒐集起來，並用智慧把它們有效地組合起來。

猶太人認爲，生意人應該儘量貸款，借助銀行的資金爲自己辦事，如果你不能借用別人的資金，做生意是極爲困難的。借用資源是猶太商人的拿手好戲，只要肯動動腦，總能夠成功。

著名的希爾頓從被迫離開家庭到成為身價五．七億美元的富翁只用了十七年的時間，他發財的秘訣就是借用資源經營，最後成為了全部資源的主人。

希爾頓年輕的時候特別想發財，可是一直沒有機會。一天，他正在街上走路，突然發現整個繁華的商業區居然只有一個飯店。他就想，如果在這裡建設一座高級旅店，生意肯定會興隆。於是，他認真研究了一番，覺得位於這條大街拐角地段的一塊土地最適合做旅店用地。他調查清楚了這塊土地的所有者是一個叫老德米克的房地產商人之後，就去找他。老德米克給他開了個價，如果想買這塊地皮就要希爾頓支付三十萬美元。

希爾頓不置可否，卻請來了建築設計師和房地產評估師給「他」的旅館進行估算。其實，這不過是希爾頓假想的一個旅館，他問按他設想的那個旅店需要多少錢，建築師告訴他起碼需要一百萬美元。

希爾頓只有五千美元，但是他成功地用這些錢買下了一個旅館，並不斷地使之升值，不久他就有了五萬美元，然後找到了他的一個朋友，請他一起出資，兩人湊了十萬美元，開始建設這個旅館。當然這點錢還不夠購買地皮，離他設想的那個旅館還相差很遠。許多人覺得希爾頓這個想法是不可能實現的。

希爾頓再次找到老德米克，簽訂了買賣土地的協定，土地出讓費為三十萬美元。然而就在老德米克等著希爾頓如期付款的時候，希爾頓卻對土地所有者老德米克說：「我想買你的土地，是想建造一座大型旅店，而我的錢只夠建造一般的旅館，所以我現在不想買你的地，只想租借你的地。」

老德米克有點發火，不願意和希爾頓合作了。希爾頓非常認真地說：「如果我可以只租借你的土地的話，我的租期為一百年，分期付款，每年的租金為三萬美元，你可以保留土地所有權，如果我不能按期付款，那麼就請你收回你的土地和在我這塊土地上所建造的飯店。」老德米克一聽，轉怒為喜：「世界上還有這樣的好事，三十萬美元的土地出讓費沒有了，卻換來二百七十萬美元的未來收益和自己土地的所有權，還有可能包括土地上的飯店。」於是，這筆交易就談成了，希爾頓第一年只需支付給老德米克三萬美元，而不用一次性支付昂貴的三十萬美元。就是說，希爾頓只用了三萬美元就拿到了應該用三十萬美元才能拿到的土地使用權。這樣希爾頓省下了二十七萬美元，但是這與建造旅店需要的一百萬美元相比，還是差距很大。

於是，希爾頓又找到老德米克，「我想以土地作為抵押去貸款，希望你能同意。」老德米克非常生氣，可是又沒有辦法。

就這樣，希爾頓擁有了土地使用權，於是從銀行順利地獲得了三十萬美元，加上他已經支付給老德米克的三萬美元後剩下的七萬美元，他就有了三十七萬美元。可是這筆資金離一百萬美元還是相差很遠，於是他又找到一個土地開發商，請求他一起開發這個旅館，這個開發商給他了二十萬美元，這樣他的資金就達到了五十七萬美元。

隨後，希爾頓旅店在資金缺口已不太大的情況下開工了。但是當旅店建設到了一半的時候，他的五十七萬美元就已經全部用光了，希爾頓又陷入了困境。這時，他還是來找老德米克，如實介紹了資金上的困難，希望老德米克能出資，把建了一半的建築物繼續完成。他說：「如果旅店一完工，你就可以擁有這個旅店，不過您應該租賃給我經營，我每年付給您的租金最低不少於十萬美元。」

這個時候，老德米克已經被套牢了，如果他不答應，不但希爾頓的錢收不回來，自己的錢也一分都回不來，他只好同意了。一年後，以希爾頓名字命名的「希爾頓旅店」建成開業，他的人生開始步入輝煌時期。

希爾頓用借的辦法，用五千美元在兩年時間內完成了他的宏偉計畫，現在想想，希爾頓這種借的本領不能不讓人佩服。

做生意總是要有本錢的，但本錢總是有限的，連世界的首富也只不過擁有幾百億美元左右。但是一個企業，一年可做幾十億美元的生意，如果是大企業，一年要做幾百億美元的生意。因此，一個企業會不會做生意，最重要的就是看它能否以較少的資金做較多的生意。

猶太人不論在商界、政界還是在科技界的成功者，都是善於借用別人之「勢」，巧借別人之「智」的高手。

人類自從走上文明之路開始，就一直在尋求著借勢借力的辦法。人類依靠自己聰明的頭腦，使人的力量發揮到最大的限度。其實，經商的道理也是一樣。巧於「借力」，精於「借勢」，是商人成功的一大訣竅。

（四）學會與各式各樣的人合作

常言道：「有奇才者必有怪癖。」這句話雖然有些偏頗，但卻揭示了一個事實，有些人才往往有與衆不同的思維、性格、愛好。因而，以對待常人的態度來對待這些人才是不行的，對這些人才應該爲他們創造自由發展的機會，更爲重要的是成功者要有容人之量，這樣不僅可以充分發揮出人才的作用，還能夠吸引更多的人才加盟到自己的陣營，爲取得更大的成功創造條件。

人是群體的。成爲社會人的一個明顯特性就是要與人相處，與人合作。我們人生學習的第一課，實際上也就是和別人相處。最初，和我們相處的是我們的父母；等到我們走上了社會，交際的範圍進一步擴大，各式各樣的人物走進了我們的生活，和我們打交道，有些會成爲我們一生的朋友、知己、伴侶。除了和我們朝夕相處的生活伴侶，和我們打交道最多的，還是我們工作上的同事，生意上的夥伴，我們的下屬，這些人其實都是我們的合作者。如何巧妙地與這些人相處，如何和合作者相處，看起來似乎是一個很簡單的問題，但在實際生活和工作中，並非如我們想像的這般簡單。對於不同的人，我們應該採取不同的方式。

法里爾先生有一個對房子很不滿意並且威脅要搬家的房客。這位房客的租約還有四個月才到期，每月房租是五十五美元。儘管租約尚未到期，他卻通知法里爾先生他馬上就要搬出去。但是，這個人已在法里爾先生的房子內度過了整個冬天——也就是一年當中，房租最貴的一段時間。法里爾先生不想讓那位房客離開，因為以後的房子並不好出租。法里爾先生本來也對房客指出，如果他搬家，他房租的餘款將立刻到期，法里爾先生可以把那些款項全部收回。但是，法里爾先生並沒有那樣做，而是決定試試其他戰略。

法里爾先生一開始就這麼說：「先生，我已經聽過你的話了，我仍然不相信你打算搬走。從事租賃業多年，已使我學會了觀察人們的本性。一開始，我就仔細把你打量了，我認為你是一個信守諾言的人，對於這一點我深信不疑，因此，我很情願來冒個險。現在，我有一個建議，把你搬家的事擺在一邊先放幾天。再仔細想一想，如果你在月初房租到期之前來見我，並告訴我你仍然打算搬家，我向你保證，我一定接受你的決定。我會給你搬家的權利，並承認我的判斷錯了。但是，我仍然相信你是一個遵守諾言的人，你一定會住到租期屆滿為止。」法里爾先生向這個房客提出了挑戰，因為他認為這位房客是位守信用的人。那麼他又怎麼能不接受這個挑戰呢？當新月份來到時，這位房客親自付清了房租。

這個房東正是抓住了租客的心理，才可以成功地把房子租出去。在現今社會，我們交際的圈子越來越大，所面對的交際對象也是性格迥異，有的生性內向，不僅自己說話比較講究方式方法，而且也很希望別人說話有分寸。因此，我們任何人都要要學會根據別人的潛在心理說話，把話說到對方的心坎兒上，時刻注意揣摩你的交際對象心裡在想什麼。只有這樣，你說的話才會與對方的心理相吻合，對方才樂於接受。

俗話說，金無足赤，人無完人。生活、做人的道理我們都懂，但一遇到具體的事情，我們往往要求對方盡善盡美，沒有缺點和不足；一旦發現或意識到合作者身上有缺點和不足，就開始求全責備。由於對對方身上的一些無關緊要的方面看不順眼，而拒絕同對方很有價值的或者很有意義的合作。這種由於非本質的好惡而排斥同對方合作的做法，是一種生活上的失利，事業上的挫敗，於我們人生、事業的發展不利。

美國的賈伯斯和沃茲是「蘋果II」微電腦的開發者，他們的一個重要的合作者是馬克庫拉。其實，最初光顧賈伯斯和沃滋兩位年輕人的並不是馬克庫拉，而是賈伯斯的老闆介紹來的一個名叫唐・瓦爾丁的人。

當唐・瓦爾丁來到賈伯斯的家中，看見賈伯斯穿著牛仔褲，散著鞋帶，留著披肩長髮，蓄著胡志明式的大鬍子，不管怎樣看都不像是一位企業家。於是，唐・瓦爾丁覺得不是很妥當，因為賈伯斯和沃滋的外表將這位先生給嚇壞了，他終於沒有敢問津這兩位奇怪的年輕人的事業，而是把賈伯斯和沃滋介紹給了另一位風險投資家馬克庫拉先生。

馬克庫拉原來是英代爾公司的市場部經理，對微電腦十分精通，他先考察了賈伯斯和沃滋的「蘋果Ⅱ」樣機，最後，馬克庫拉問起了關於「蘋果Ⅱ」電腦的商業計畫，但因為賈伯斯和沃滋對商業買賣一竅不通，兩人竟然面面相覷，說不出任何話來。但馬克庫拉並沒有因此失望，而是決定和這兩位年輕人合作，並出任董事長。

唐・瓦爾丁，一個因為和一個偉大的公司、偉大的創業擦肩而過而被人們熟知的人，他很可能是一個很好的人，但就是因為賈伯斯和沃滋的外表將他給嚇壞了，他因為求全責備而喪失了有可能是他一生中最重要的一次機會。而馬克庫拉卻與他相反，沒有對賈伯斯和沃滋求全責備，而是與他們進行了深度的合作，所以他成功了，他抓住了他自己人生中的一次最重要的機會。

因此，在我們的人生中，在我們發展事業的過程中，我們可能會遇到各式各樣的人物，有許多人肯定和我們不是同一類人，無論是志趣還是性格都與我們不合，甚至與我們格格不入。但這些都不要緊，要緊的是他對我們的事業發展是不是有用。在這個時候，求全責備不是一種正確的態度。

（五）積極地將你的成果與別人分享

歌德說過這樣一句話：「能分享他人痛苦的是人；能分享他人快樂的是神。」懂得分享的人，生命豐沛而且充滿活力，生活就會豐富而多彩。

有這樣一句話：把你的快樂與朋友分享，你就擁有了兩個快樂，把你的痛苦與朋友分享，你的痛苦就只剩下一半。當你有喜事的時候，你願意和別人分享嗎？當你遇到煩惱的時候，你願意和別人分享嗎？

但是，在工作中，很少有人懂得分享，只是一味地把同事當做競爭者，卻不懂得與同事分享經驗。其實，只有學會分享，我們才能獲得更多，在分享的同時，我們可以從同事那裡學到我們所不知道的新知識，知道很多我們並不知道的資訊。讓我們學會分享吧，成果並不會因爲分享而減半。愛因斯坦用其自身的實際行動爲我們樹立了榜樣。愛因斯坦之所以能夠選擇一個非常有價值的追求目標，並矢志不渝地爲之奮鬥，這與朋友的支持是分不開的。

一個偶然的機會，剛入大學的愛因斯坦在一次家庭晚會上結識了已經畢業的校友貝索。兩個人因志同道合，成了莫逆之交。貝索知識淵博，思想敏銳，喜歡批判哲學，經常兄弟般地對愛因斯坦進行鼓勵和幫助。特別是當他把馬赫的《力學史》推薦給愛因斯坦，並在一起研討問題之後，愛因斯坦的人生奮鬥目標更爲明確了。愛因斯坦說：「這本書對基本概念和基本定律的批判態度給我深刻和持久的影響，我以後讀過的《歸納法原理》遠不如它。我認爲馬赫的眞正偉大就在於他不妥協的懷疑態度和獨立性。」

在貝索的幫助下，年輕的愛因斯坦從此掌握了馬赫的批判之劍，開始對已有二十多年歷史的牛頓力學進行挑戰。愛因斯坦在年輕時代就發展了狹義相對論。在該論文中，既無參考文獻，也未提及任何名家指教，但是在論文最後，愛因斯坦卻加進了感謝朋友的熱情幫助和有價值的建議方面的內容，可見，朋友的建議和幫助對愛因斯坦這篇文章的完成發揮重要的作用。

即使在愛因斯坦老年之後，他仍然沒有忘記貝索對他的幫助，他認爲在整個歐洲，找不出一個比貝索更好的知音。

除了貝索之外，愛因斯坦還受到身邊其他朋友的幫助。年輕的愛因斯坦在尚未找到專利的工作以前，曾在私下以講授物理來賺錢餬口。後來，他將與人講授變成了年輕人的聚會、讀書和研討的場所。這些年輕人包括著名的索洛文，哈比希特，貝索等，他們把讀書研討小組戲稱爲「奧林匹亞科學院」。聚會常從簡單的晚餐開始，談話交流的內容極其豐富，涉及當代哲學和科學中的許多重大根本問題。他們常爲一些問題爭論不休，直到弄清爲止。這種朋友間的討論和相互學習不僅豐富了生活，加深了友誼，更使包括愛因斯坦在內的每個人的科學思想都得到了豐富和昇華。

正因爲如此，愛因斯坦在老年的時候，還懷念「院士」那種互相學習，互相促進的生活。愛因斯坦逝世前兩年，還在給老友索洛文，哈比希特的回信中講：「你的燦爛奪目的光輝，依然照耀著他們孤寂的人生道路。」「我永遠忠於你，直到學術生命的最後一刻。」可見，愛因斯坦的成功跟朋友們的幫助有著密切的關係。

學會分享是競爭的基礎。如果一個人不懂得分享，或者一個人不願與人分享，那他注定是個失敗者。

分享的樂趣就在於我們的行動能使別人也感到快樂，這才是人生最大的快樂。當你把自己的快樂與同事分享時，讓他們和你一同分享這成功的喜悅，和你一同微笑，一同快樂。分享是件快樂的事情，相反，如果你不願意跟別人分享你的快樂，你就會變成一個孤立的人，你也就失去了生活的快樂。

總之，分享能夠使我們得到更多的快樂，分享能夠讓我們的心情更加舒暢，分享會使我們的人生更有意義。分享可以爲我們提供更多的機會和條件，可以使我們更好地生活。

（六）取長補短，共同進步是真理

中國有句俗語叫寸有所長，尺有所短。人無完人，每個人都有自己獨特的優勢，也存在著缺點。在社會中做事，雖然優勢能讓我們取得較好的成績，但是我們的缺點常常能使我們失敗，甚至永遠都不可能有成功的機會。那麼，怎麼才能讓自己的優勢發揮到最佳的程度，把我們的缺點縮小到最低程度呢？這就需要懂得合作博弈術的做事成功宗旨：「取長補短，共同進步是眞理。」你的優勢不但有利於你自己，還能給他人帶來好處——你的缺點恰恰能讓他人補足。這樣合作無間，才能共同進步。在我們的社會中，處處都證明著這一永恆的眞理。

同樣，在企業自身不斷進步創新的同時，也要與別的企業相互合作，取長補短，建立良好的合作關係，實現共同進步。

在產品營業額無法突破的時候，不少中小企業會想到開發新的事業或產品，卻又因經營資源有限，陷入長期的經營僵局。爲了跨越這種經營困境，近年來，一些日本中小企業採取與其他公司攜手合作的方式，借用他人的力量，讓自己走向成功之路。

下面，本文就介紹兩例日本中小企業成功合作的實例：「昭和」與「平出精密」的取長補短，共同進步的實例。

位於宮崎縣延岡市的「昭和」公司和位於長野縣岡谷市的「平出精密」公司，相隔一千二百公里。自一九九五年合作至今，已成為密不可分的合作夥伴，這種良好的合作關係奠定於最初幾個月所建立的信賴關係。

一九九五年，「昭和」公司的社長黑木保善望著公司內閒置的機器，憂心地說：「再這樣下去，公司終有一天會倒閉。」他的公司原是大企業「旭化成」位於延岡市的外包廠商，專事金屬切削加工。當日本泡沫經濟崩潰後，「昭和」的營業大受影響，黑木社長不得不立即著手開發新的產品，但是卻毫無頭緒。

就在此時，黑木社長在大阪認識了「平出精密」公司的社長平出正彥。該公司以精密板金技術著稱，即以鐳射加工機切割薄金屬板後，將其彎曲，製成電子機器外殼或半導體生產設備中精密零件的技術。黑木社長便向平出社長請教金屬加工技術，恰巧平出社長也正想在九州設立生產據點，因此兩人一拍即合。

在雙方想法一致的情況下，「昭和」與「平出精密」開始踏出合作的腳步。黑木社長挑選三位技術人員進駐「平出精密」三個月，學習精密板金技術。黑木社長還斥資一億五千萬日元以上，將新的精密板金設備引進位於延岡的工廠，表明誠懇合作的心意。

一九九五年開始，「平出精密」將設計圖交給「昭和」生產，「昭和」再將產品賣給位於九州的大工廠。此後，「平出精密」持續為「昭和」的員工進行了三年的技術指導，這三年中，兩家公司的社長及員工有愈來愈好的交流及溝通方式。

「昭和」目前的營業額雖然和與「平出精密」合作前一樣是三億日元，但是黑木社長說：「如果沒有跟『平出精密』合作，營業額將掉到一半以下，而且，對『旭化成』的依存度已從原來的八成降為現在的兩成。」

另一方面，「平出精密」的社長平出也表示：「開發自有品牌一直是我的夢想，憑藉『昭和』的協助，我實現了這個夢想。」

上文的案例是雙方由於互補關係，共同合作成功的案例。不過，像這樣的例子畢竟是屬於較少數，因為有很多公司在無法達到預期效果之前就提早結束合作了。當碰到障礙時，如果經營者能夠改變只想獲利的心態，轉而以另一種思維來持續雙方的合作，那麼將會有意想不到的成果。

一個人只顧眼前的利益，只顧自身利益，不懂得雙贏和共同發展，那麼他得到的終將是短暫的歡愉；一個人目標高遠，有合作精神；懂得取長補短，共同發展，把才能和才能結合起來，把理想和現實結合起來，才有可能成爲一個成功之人。有時候，一個簡單的道理，卻足以給人意味深長的生命啓示。「取長補短，共同進步是眞理」就是這樣的一個簡單的道理，但是卻是我們這個時代做事成功必須具備的合作博弈術。

第八章

談判博弈——準備充分，討價還價智慧大

曾有人說：「生活本身就是一系列無休止的談判」，這是不無道理的。試想想，我們購買商品不需要談判嗎？我們做生意不需要談判嗎？我們要取得國家與國家之間的合作不需要談判嗎？這個世界的和平不需要談判嗎？可以說，談判蘊含在我們生活的方方面面，無處不在。所謂談判，其一般含義是指在社會生活中，人們為滿足各自需要和維護各自利益，雙方為妥善地解決某一問題而進行的協商。所以想要在社會中成功，你需要懂得談判博弈術。

（一）還價多一點，成本低一成

在談判過程中，雙方都會試圖不斷地擴大自己的談判空間，還價越低意味著你的談判空間越大，回報的成本也會越低。談判是一項妥協的藝術，成功的談判是在你讓步的過程中得到你所需要的，一個成功的還價會使你在今後的經營中有效地降低成本。談判博弈的經典之處就在於還價多一點，成本低一成。

價格雖然不是談判的全部，但毫無疑問，有關價格的討論依然是談判的主要組成部分，在任何一次商務談判中，價格的協商通常會佔據七十％以上的時間，很多沒有結局的談判也是因爲雙方價格上的分歧而最終導致不歡而散。

簡單說，作爲賣方希望以較高的價格成交，而作爲買方則期盼以較低的價格合作，這是一個普遍規律，它存在於任何領域的談判中。雖然聽起來很容易，但在實際的談判中做到讓雙方都滿意，最終達到雙贏的局面卻是一件不簡單的事情，這需要你的談判技巧和膽略，尤其在第一次還價時尤爲關鍵。

砍價是買家的本能，即使是對方開出我們可以接受的價格，我們還要繼續堅持讓對方讓步，哪怕是百分之一的折讓。不要小看一個百分點，假如我們年銷售額是五百萬元，讓出一個百分點就是五萬元，這會使你的成本降低很多。成本降低了，利潤自然就上升了。

下面這則是發生在我們生活中非常多見的討價還價的例子，但是像這位顧客的討價成功，很值得我們學習。

顧客：老闆，請問這條褲子多少錢？

老闆：九百元，正宗貨，要不要？

顧客：我先看看……

老闆：放心吧，東西是好東西，給你優惠點，八百五十元。

顧客：這也叫優惠啊？

老闆：呵呵，就七百元，這回可以了吧。

顧客：哈哈！

老闆：你笑什麼，難道嫌貴？

顧客：不，何止是貴，簡直就是用水泵抽我的血。

老闆：哪裡有那麼誇張，看你是本地人，就六百元吧。

顧客：……

老闆：你不會還嫌貴吧，我最多只賺你幾塊錢。

顧客：不，我沒有說貴，這條褲子値這個價錢。

老闆：你眞有眼光，快買吧。

顧客：褲子是好褲子，只是我口袋裡的鈔票有限啊。

老闆：那你口袋裡有多少錢啊？

顧客：四百五十元。老闆：天啊，你開玩笑，賠死我了，再添五十元。

顧客：沒的添，我很想給你六百元，可無能爲力。

老闆：好吧，交個朋友，四百五十元賣給你。

顧客：我不會給你四百五十元的，我還要留五十元的車費。

老闆：車費？這和你買褲子有什麼關係？

顧客：當然，我來自很遠很遠的地方，我必須坐長途汽車回去，車費五十元。

老闆：你騙人！

顧客：我從十八歲以後再也沒有騙過人，相信我。你看我的臉，多麼眞誠啊。

老闆：雖然我看不出來你的眞誠，但我認賠了，算你四百元好了。

顧客：等等，我還要補充一點，我還沒有吃早飯，我很餓。

老闆：天啊，你太過分了，你在耍花招。

顧客：相信我，我很真誠。如果再不吃飯的話，我會昏倒在你面前。

老闆：我真是倒楣，遇到你這樣的滑頭。你這樣過分，一會兒要坐車，一會兒又要吃早飯。是不是等一會兒還要說你口渴，想喝飲料呢？

顧客：你太小瞧我了。相信我，我沒有要求了。

老闆：相信你？最後一次？顧客：是的，相信我。老闆：好吧，痛快些，七十元。顧客：我這就給你錢。

老闆：快些。

顧客：等等，這裡的顏色好像有點不對勁啊。

老闆：不，不是，這是磨砂顏色，故意弄成這個樣子的，這叫流行。

顧客：是嗎，怎麼看起來像舊褲子，怪怪的。

老闆：什麼？你侮辱我人沒有關係，請你不要侮辱我的褲子。這是真東西。

顧客：……

老闆：好吧，我給你看我的進貨單……你瞧，進貨日期是上個禮拜，進貨公司是某某服裝廠，這怎麼能是舊褲子呢？

顧客：哦，對不起我誤會了，不過……天啊，進貨價：一百元每件。

老闆：哦，不對，不對。這是沒有上稅前的價錢，繳稅後每條成本價是二百元。顧客：你在撒謊，你以爲我是傻瓜嗎，這是增值稅發票，是繳稅後的價格。這條褲子只值一百元，可你……

老闆：嘿嘿……做生意嘛，你要知道我每天的門市租金上百呢，不賺錢我吃什麼？顧客：你心太黑！

老闆：嘿嘿，一百五十元行不！讓我賺點兒。

顧客：錢是小意思，只是你的行爲讓我氣憤。

老闆：有那麼嚴重？

顧客：難道你認爲欺騙行爲不嚴重嗎？再發展下去，可就是詐騙，就是犯罪！

老闆：好誇張啊。這樣，你消消火，我一百二十五元賣給你，就賺二十五元。

顧客：好吧，成交！

您能想像嗎？一條九百元的外銷褲子在顧客的始終堅持下居然以一百二十五元成功購得，這種成功的經驗太值得我們借鑑了。難道說這個顧客眞的拿不出九百元嗎？有可能是，但最大的可能並不是。無論我們能否付得起對方的報價，但是爲了我們能最少地花費，最低地降低自己的成本，就必須學會這種執著的討價還價的藝術。

這就是一個買方和賣方的心理上的博弈，賣方一定是想把褲子賣出去，如果能賣到原價當然是再好不過的了，但是如果賣不出原價，那就只要保住自己的成本就是了。另一方面，每一個賣方都不希望因爲想賣高價而讓商品積壓成庫存直到一文不值。所以，賣方是能出手就出手。

作爲買方，掌握了賣方的這種心理，在討價還價上就很好辦了。你只要一直堅持不到最後不成交。對於買方來說，即使碰到自己很滿意的價格也不要即時就成交，還要跟賣方打談判博弈戰，只有到了賣方說出不賣的那一刻，才是你眞正出手購買的時刻，否則永遠都不要出手，即使心裡再喜歡再高興也要忍住。

眞正買賣雙方的較量就是一種博弈，誰掌握了談判博弈的技巧誰就是談判的高手。記住，當自己是買方時，談判一定要掌握這個原則：還價低一點，成本低一成。

（二）談判法則，死守底線

進行談判之前，一定要確定好自己的底線，也就是「回落目標」。尤其是要定好自己所能夠接受的最低限度的條件或最低價錢。如若不然，當談判結束後，回首一看，就會後悔：我怎麼會同意這樣的協議？再加把勁就好了。為了不使自己出現談判結束後悔的情況，就一定要記住談判博弈術的談判法則：死守底線。

然而，在進行國際貿易時，許多人都是在沒有事先決定自己的「回落目標」的情況下進行談判的。面對對手的不依不饒，他們逐漸厭倦這種談判的過程。隨著時間的流逝，這種感覺愈發強烈。最後就會有這樣的想法：「即使有些吃虧，只要能夠達成協定就好。趕快結束這種不愉快的談判吧！」「趕快離開會議室，去休息一下吧！」下面的這個發生在紐約的談判案例就是典型的沒有遵守「死守底線」的談判法則而失敗的案例。

這是關於進出口許可證的一次談判。談判者是一位頗具才能的服裝店老闆。他購買下了美國的服裝品牌許可，已經把品牌服裝推廣到整個日本市場。他的下一步打算是拓展美國市場。

如果拋開生意，這位老闆絕對是位不錯的人，與身邊的人都能夠很好地相處，也很值得大家信賴。但是，也正因爲這樣，當他面臨緊張的氣氛，要同談判對手針鋒相對、討價還價時，才會感到莫大的痛苦。

這次談判的最大分歧在於許可證的費率問題。在進行談判之前，這位老闆自己拜託律師說：「許可證費率應該在銷售額的百分之三左右。如果超過百分之三，就不合算了。請守住這一底線進行談判。」

然而，到了中午時分，這位老闆已經疲憊不堪了。在休息時，他對律師說：「好累呀。我已經有一種完全接受對方要求的衝動了。」時間緩慢地流逝，已是傍晚時分。對方律師由於厭倦了與日方的談判，就同這位老闆進行了直接對話。

也許是這位老闆已經忍受不了這種壓力和緊張氣氛，他就對律師說：「關於費率的問題，我們可以再作些讓步。」

「即使是支付百分之五的費用，也可以接受對方的要求。不管怎樣，今天一定要達成協定。」

「老闆，眞的要這樣做嗎？今天早上您不是還說過『不能支付超過銷售額的百分之三』嗎？」

「不是呀。早上還沒有正式作出決定……」

既然委託人都已經這麼交代了，律師也不便過分地堅持什麼。最終，雙方以支付總銷售額的百分之四達成協定。如果這位老闆能夠與律師共同進退，就能夠堅持做到「不超過銷售額的百分之三」這一點。

然而，由於事前並沒有決定好「百分之三是上限」，在面臨壓力時，就只有不斷作出讓步了。到時候再回頭細想，就會後悔：「再加把勁該多好呀。」因此，關於有分歧的問題，一定要事先決定好該如何應對。然後，絕不動搖自己的立場。

在每一階段的讓步都要與所讓步的價值相對應。任何事物都有其獨立的兩面性，在一項讓步中，雙方需求不同、角度不同，所展現出的價值存在很大的差異性。在你作出讓步後得到對方回報的過程中，雙方所得到的價值是否對等是讓步的關鍵。比如在一次交易中，你期望對方縮短結帳期限，你在價格上作出了讓步，而對方的讓步卻是自行提貨，那麼此次讓步對你而言是價值的不對等。

這樣不對等的讓步必然會導致一方失敗另一方全面勝利。高明的方法是既能讓對方滿意，自己也能守住最終的底線，千萬不能落到滿盤皆輸的慘狀。

不管談判過程多麼艱辛，都要堅持到底。今天不能達成協議，明天繼續努力；

明天不行，就改到後天。一旦達成某項協議，在未來的幾年內，協定上的條款可能都會有效。爲了使自己不後悔，就應該事先決定好自己的「回落目標」，然後堅持到底。

談判中的博弈是雙方心理上的較量，心理素質好的人，意志就會堅定，不達目的絕不甘休，如果心理素質不好的人，意志就很薄弱，當雙方進行到拉鋸戰的時候常常堅持不住，主動繳械投降了。其實，如果當時不成功，可以再談下一次。要把握好對方對自己商品的需求程度，如果是非常需要，那其實主動權是掌握在自己手裡的。每一個商人都想謀得利益，至於利益的多少就要看能談到多少了。談判的高手常常是能將利益談到最有利於自己的程度，而談判能力一般的人只能將原本屬於自己的利益拱手相讓了。這就是雙方的博弈，誰的態度更強，誰就會得到的更多。

在談判時一定要確定好自己的心理底線，而且要不斷地提醒自己一定不能超過這個底線，有時候這個底線可能是你企業生存的關鍵。如果越過了這個底線，你的企業將不復存在，相信那個時候你就會堅持自己的底線了。人常常是到生命攸關的時候才能堅守底線的，這也就是爲什麼談判博弈會做出「死守底線」的談判法則——必須如保住自己性命一樣保住你的談判底線。

（三）準備多個「選項」，迎接談判

我們做任何事情都要有備而做，不能打無準備之仗。談判也同樣，在談判前，我們不但要準備，還要準備得充分，要設計出盡可能多的談判方案，以備談判中間出現各種出乎意料狀況時採取應急措施。

比如，當你想租用某棟公寓時，就要去其他公寓也看看；當你想要買下某部車時，就要去其他車行比較一下；當你想購買某一電器時，也應該去其他電器店進行一番調查；當你準備引進某種機器零件時，同樣需要多與幾家供應商進行溝通。也就是說，在迎接談判時，必須做好也能夠與其他對手進行交易的準備。不管是何種交易，在這個世界上，你都會面臨著多種選擇。你不用急匆匆地與第一個對手進行交易。

曾經有一個非常擅於談判的律師就是運用這個談判法則取得了勝利。他曾經與距離曼哈頓事務所最近的一個停車場的經理進行過一次交涉。當時，他租用了一個停車場，不過與該停車場的單月租用合約已經到期，於是，他需要尋找一個新的停車空間。某一天，他又來到那家停車場，並向收銀台的經理詢問停車費的情況。「今天，如果你簽下從下月一號開始生效的單月合約，只需要支付三百三十美元。不過，僅限今天噢。」他想「他應該是在故弄玄虛吧」，於是他要求「三百美元」。但是，對方不答應。

於是，他決定前往附近的另一家停車場去看一下。就是該停車場的正對面的一家。他詢問價格，得到的答覆是「每月三百二十美元」。但是，該停車場的構造很差，車輛出入可能要花費很多時間，他並不想租用那裡。第二天，他又前往了最近的那家停車場，坐在收銀台的還是那位經理。他詢問單月租金，那個人仍然說道：「每月三百三十美元。」果然，他昨天說的「三百三十美元只限今天」是個謊言。

於是，他說道：「對面的停車場只收三百二十美元。能不能比他們便宜一點？」其實，他也是實話實說而已。想不到，對方卻爽快地答應：「是嗎？那麼就收三百美元吧。」一下子就讓價三十美元。這樣，他當然非常滿意。不過，他又進行了進一步的確認，直到覺得已經不可能再低了，才決定和對方簽下這份單月三百美元的合約。

這位談判高手在準備充分的情況下，輕鬆地達到了自己的目標。而這個準備的過程卻是幾次三番的。如果沒有他多方面的打探、偵查就不可能探到對方可承受的價格底線。

生活中的談判隨處可見，這是一個停車場停車位的談判，還有諸如購物、旅遊等等消費方面的談判。

在我們購買商品前一定要做好充分的市調工作，比如買衣服，我們要貨比三家，選擇一家價格比最好的商品，然後開始進行與賣主的談判。談判時不打無把握之戰，而要想讓自己心裡有底，就必須做好準備工作，無論對方開出任何條件，我們都能有備案可以應對。

談判之前研究對手，這也是對對方心理的琢磨。要揣測一下對方在談判時會出現的所有反應狀況，然後針對這些狀況一一做出對策，當自己有了多項選擇的備案後，想不成功都難。

在準備多項選擇中，談判目標的設定也是非常重要的。作爲指導談判的核心，談判目標尤爲重要，我們首先要明確對我方而言什麼是最爲重要的，想達到什麼樣的目的，甚至還需要提前考慮到在哪些方面可以讓步。爲了做到有的放矢，應設定不同的靈活機動目標，根據談判情形選擇不同層次的目標。

◆**必達目標**。這是不能妥協的基本目標，是談判的底線。底線的設立建立在前期的調查研究和了解對方情況的基礎之上。如果不能實現，就要放棄談判。

◆**可接受目標。**是在超出底線目標後追求的額外利益目標，應力爭實現該目標。

◆**最優期望目標。**是最理想的目標，是談判開始時的話題，是我方可作出讓步的範圍。

對談判目標的構建一方面可以作爲談判的籌碼，用以換取對己方有利的其他條件，順利交易；另一方面又有迷惑對手的煙幕彈作用，對己方的其他談判目標產生保護作用。

談判時，要手握多種選擇。針對雙方的談判目標進行談判方案的擬定。談判博弈最明智的做法是：手握多個迫使對手讓步的王牌。自己手握的王牌越多，談判取勝的把握越大，而能取勝的王牌就是自己事先所準備的多個選項。

談判桌上風雲變幻，談判者要在複雜的局勢中左右談判的發展，則必須做好充分的準備。只有做好充分準備，才能在談判中隨機應變，靈活處理，從而避免談判中利益衝突的激化。可以說，談判中自己手中準備的選項越多，成功的可能性就越大，談判前的選項準備得越充分，談判的成功率越高。所以，任何一個想要談判成功的博弈者都要謹記談判博弈的必勝技巧之一：「準備多個選項」，迎接談判。

(四)談判禁忌：知彼不知己

大家都知道中國的一句兵法名言：「知己知彼，百戰不殆。」說的是談判時要知己又知彼。「知彼」就是透過各種方法了解談判對手的禮儀習慣、談判風格和談判經歷。不要犯對方的禁忌。「知己」則指要對自己的優勢與劣勢非常清楚，知道自己需要準備的資料、要達到的目的以及自己的退路在哪兒。但常常是我們分析對手分析得很透徹，資料準備得也很豐富，卻忽略了對我們自己這一方各方面的分析和準備工作。所以請大家記住談判博弈的禁忌：知彼不知己。

在談判準備過程中，談判者要設法全面了解談判對手的情況，同時對自身情況作全面分析。對對手情況的了解主要包括對手的實力（如資信情況），對手所在國家或地區的政策、法規、商務習俗、風土人情以及對手的談判人員狀況等等。目前中外合資專案中出現了許多合作盲點與投資漏洞，乃至少數外商的欺詐行為，最主要是中方人員對談判對手了解不夠所導致的。自身分析主要是指進行項目的可行性研究、自己這一方談判成員的組成、力量的分配、相互的有效配合等等。

談判是一項歷時長、具有挑戰性的工作。在談判中，談判人員能否有效地控制談判的進程和節奏，實現預期目標，不僅需要掌握和運用臨場談判策略和技巧，更需要注重的是談判之前充分、細緻的準備工作。不但要知彼，更要知己，如果不知己，將導致無法挽回的後果。

在談判中，知己方面是既不能高估自己也不能低估自己，要合理地分析自己這一方的實力和掌握的資訊情況，同時估計對方的實力和掌握的資訊情況，這樣透過博弈術便能做出適合雙方的談判策略。

知己的談判原則同樣可應用於求職人的面試過程，尤其是在最後的關於薪資待遇方面的談判。有的人這時候對自己太自信，往往開出很高的價格，但是招聘方無法接受，明明是自己喜歡的公司和職位，卻因爲事先沒有做好市場調查只能放棄。另一種是對自己沒有自信，當人力資源經理讓應聘者自己提薪資要求時，常常是開得很低，結果進入公司後才知道自己的薪資是最低的。

面試同樣是一種談判的博弈。有這樣一個從事公關工作的應聘者，本身有很強的執行能力、豐富的媒體資源和多年的大型公關活動方面的統籌經驗，但唯一欠缺的就是公關活動的策劃能力。一次，她看中了一家大型的快速消費品公司，這家公司無論是從公司的經營規模還是對員工的福利待遇，無論是公司上層的管理風格還是對自身職業生涯的發展都是非常有利的。所以當這家公司發出面試的通知後，這個女孩做的第一步是先上網仔細蒐集與這家公司有關的所有資訊，然後加以分析整理，做出了多個應答方案在面試那天躊躇滿志地去了。等到進去面試的時候，她很自信地走進去。面試官看了她的履歷然後開始了詢問，這個女孩應答得非常自如和自信。到最後，面試官請她提出薪資要求，結果這個女孩提出了一個公司無法承受的價格。結果可想而知，當然是以失敗告終了。

這個女孩對自己太自信了，以爲憑藉自己的這些資歷就能讓對方接受自己開出的任何條件，但是沒有想到的是自己尚有經驗不足的地方，所以面試官指出了她沒有策劃能力，不能給出這樣的薪資。這個女孩恰恰忽略了對方最在意的地方，只能放棄這家極好的公司了，也等於放棄了自己職業發展的一個極好的平台。

這個女孩的失敗之處就是當看到這個招聘職位時，沒有對自己作好充分的分析。這個職位是這家公司的品牌經理，但是她不知道一個公司的品牌經理是需要有高度的戰略眼光和極強的市場策劃能力的。其次是執行能力，而到這個高位的執行能力顯示的是統籌管理能力，而不是具體地去執行某一個活動的細節。

她對招聘公司的功課倒是做足了，但是恰恰忽略了自己沒有策劃能力的弱點。由此可見，無論任何談判，知己是多麼的重要。

談判在我們的生活中無處不在，與我們的生活息息相關。哪一處都離不開談判，無論是購物時與商販的談判還是正式的商務談判還是面試時的薪資談判，這些都與自己的切身利益極爲相關。如果不懂得談判博弈術，只能失敗。所以，要想成爲談判的高手，要想在談判中獲得勝利，就必須懂得談判博弈術，做到知己知彼的談判原則。

（五）談判者要有點「冒險精神」

談判是一場「戰爭」，一場利用智慧進行的「戰爭」。作爲一個談判者，還應具備一種充滿自信心、具有果斷力、富於冒險精神的心理狀態。只有這樣，才能在困難面前不低頭，風險面前不回頭，才能正視挫折與失敗，擁抱成功與勝利。所以，談判博弈告訴我們，作爲一個談判者，要有點「冒險精神」。

一位知名談判專家說：「你要超乎尋常的大膽，向對方要求他不可能給你的條件，然後再慢慢讓步。這樣做的效果比從一開始就向對方要求合理的條件要好得多。」

勇氣也是談判中非常重要的一個因素，談判者可以運用勇氣來創造權勢。談判時，如果你有足夠的膽識，並能衡量和承擔可能產生的後果，你就可以抱著不怕談判破裂的決心令對方讓步。

一個非常有名的談判高手作爲律師事務所的負責人接受了一個極爲冒險的談判案子。他的委託方是日本某大規模傳媒公司的美國子公司，他準備起訴作爲顧客方的另一家公司。該子公司向顧客方公司提供技術諮詢服務，但顧客方公司並未支付諮詢服務費用。雙方對是否應該支付三十萬美元的費用發生爭執。在美國，三十萬美元並不算大額。因此雙方堅持到最後的話，該子公司很有可能會獲得勝訴，但也需要支付大筆的律師費用，而法官命令顧客方公司承擔該子公司的律師費的可能性也很低。

也許是顧客方公司的律師看透了這一點，他的態度顯得非常強硬，一開始便稱：「我們同意支付十二萬美元。如果你們不接受，我們願意周旋到底。十二萬美元也是最終雙方和解的出價。」對方知道該子公司並不想繼續這種官司。這宗官司的爭議轉化爲：該子公司是否按合約向顧客方公司提供了技術諮詢服務。但是，想要證明這樣的事實太難了。

技術諮詢服務是一種看不到、摸不著的東西。證明商品的買賣是否違反了合約很簡單，但賣出商品後，想要證明它不存在問題，就不容易了。對於對方的十二萬美元的報價，他與委託方進行了商議，決定不予接受。但委託方也露出了不安的情緒。

他們擔心：「如果拒絕對方的報價，想要再爭取第二次和解，恐怕不太容易吧？」但是，這個談判高手果斷地堅持繼續法院的審理程序。對顧客方公司的律師，沒有絲毫妥協的跡象。「那就周旋到底吧。我們會全額收回三十萬美元及律師費的。」他一邊向對手表明自己的立場，一邊開始具體的操作：向法院申請對顧客方公司社長及幹部職員進行「證詞錄製手續」，然後準備安排相關日程。

這裡所說的「證詞錄製手續」是指：在法庭以外的地方，讓原告與被告雙方所傳喚的證人在宣誓只陳述事實情況的前提下，進行證詞錄製的一種手續。比如說，可以在律師事務所的會議室裡進行。它採用證人回答律師提問的形式展開，其證詞可以被用作證據。

最近，這種證詞多被採取錄影的形式。在原告律師尖銳的提問下，被告的種種不情願的表情也能夠被攝像機捕捉到。比如說，他向顧客方公司社長提問：○年○月○日，你與該子公司的社長進行會議時，曾經說過『你對該子公司的技術諮詢服務非常滿意，非常感謝給我們這麼多的幫助』吧？」對於這種提問，如果事實的確如此，顧客方公司社長只有回答「是的，我說過」。

這種回答將成爲對該子公司非常有利的證據。如果安排對顧客方公司的社長及其幹部職員進行這種「證詞錄製手續」，那麼對顧客方公司來說，將面臨很大的壓力。但是，在這個時候，該子公司的負責人也有些不安情緒。他們認爲如果放棄對手的十二萬美元的出價，或者顧客方公司答應進行「證詞錄製手續」的話，恐怕短時間內不會再有和解的機會了。

而律師費用也會是一筆大的支出。「先生，也許應該接受對手十二萬美元的出價吧。」「我們應該強硬一些，用不了多久，顧客方公司就會增加支付金額的。這值得我們忍耐，要有點冒險的精神。」他明確地表明了自己的態度。果然，在進行「證詞錄製手續」的前幾天，顧客方公司的律師跟他進行了聯絡：「如果不進行證詞錄製並答應和解的話，我們願意支付二十二萬美元。」太好了！一下子增加了十萬美元，顧客方公司宣布投降了。

事實上，該子公司所提供的技術諮詢服務也並非無可挑剔，也有若干個漏洞。能夠獲得二十二萬美元的服務費，已經很不錯了。就這樣，事情得以圓滿地解決。他們放棄了十二萬美元的最初出價，而選擇了承擔「說不定案件會不得不拖到最後」的風險，才會最終得到二十二萬美元的和解金。

勇於冒險可增加談判的權勢，不敢冒險就容易被對方操縱。當然，冒險雖然會帶來最主要的成功，但同時也存在很大的風險，所以，最好是在考慮好風險成本的基礎上勇於冒險。比如，在一次談判中我方面臨著假如不簽合約恐怕就要停產的危險，但是由於對方的價格不合理，所以我方冒險提出「不怕工廠停產，只要求價格合理」，這就是冒險挑戰的權勢，雙方誰能堅持到底，誰就有可能獲勝。

（六）優秀談判者總讓對手先報價

談判是一門需要長期修煉的人生藝術，也是一門讓對方「唯命是從」的藝術。

談判的最終目的在於促進合作的達成，因此，一個優秀的談判者應當把談判看成一個經營合作的事業，而不是當作一場爭奪利益的鬥爭；優秀的談判者不僅會推動和感染對手，更會讓對方燃起激情，做出與自己一致的選擇。在最關鍵的報價環節，談判博弈術給我們的經驗是：優秀的談判者總是讓對手先報價。

商業談判的主要內容是價格、交貨期、付款方式及保證條件這四大項，而價格因素是談判中的焦點。談判中，報價是必不可少的中心環節。那麼，究竟是哪一方應先報價？先報價好還是後報價好？還有沒有別的報價方法？下面，我們詳細談一下這些問題。

依照慣例，發起談判者應該先報價，投標者與招標者之間應由投標者先報，賣方與買方之間應由賣方先報。先報價的好處是能先行影響、制約對方，把談判限定在一定的框架內，在此基礎上最終達成協定。比如，你報價一萬元，那麼，對手很難奢望還價至1千元。有些服裝商販，就大多採用先報價的方法，而且他們報出的價格一般要超出顧客擬付價格的一倍乃至幾倍。比如一件襯衣如果賣到三百元的話，商販就心滿意足了，而他們卻報價捌百元。

考慮到很少有人好意思還價到三百元，所以，一天中只需要有一個人願意在八百元的基礎上討價還價，商販就能有盈利賺錢。當然，賣方先報價也得有個「打算」，不能漫天要價，使對方不屑於談判——假如你到市場上問小販雞蛋多少錢一斤，小販回答三百塊錢一斤，你還會費口舌與他討價還價嗎？先報價雖有好處，但它也洩露了一些情報，使對方聽了以後，可以把心中隱而不報的價格與之比較，然後進行調整：合適就拍板成交，不合適就利用各種手段進行殺價。

美國著名發明家愛迪生在某公司當電氣技師時，他的一項發明獲得了專利。公司經理向他表示願意購買這項專利權，並問他要多少錢。當時，愛迪生想：只要能賣到五千美元就很不錯了，但他沒有說出來，只是督促經理說：「您一定知道我的這項發明專利對公司的價值了，所以，價錢還是請您自己說一說吧！」經理報價道：「四十萬，怎麼樣？」還能怎麼樣呢？談判當然是沒費周折就順利結束了。愛迪生因此而獲得了意想不到的鉅款，也得到了日後的發明的資金。

我們根本不能想像一個不諳世事的科學家居然是一位談判中的高手。因爲他在對方詢問價格的時候，心裡雖然有自己的設想的價錢，但還是不動神色，而是委婉地說出了自己這個發明的價值，讓對方去估價，果然對方出了一個高出自己原先心裡設想近十倍的價格，這等於是自己獲得了最大的利益。

在談判中，先報價和後報價都各有利弊。談判中是「先聲奪人」還是「後發制人」，一定要根據不同的情況靈活處理，但優秀的談判者一定是讓對方先報價的。

一般來說，如果你準備充分，知己知彼，就要爭取先報價；如果你不是行家，而對方是，那你要沉住氣，後報價，從對方的報價中獲取資訊，及時修正自己的想法；如果你的談判對手是個外行，那麼，無論你是「內行」或者「外行」，都要先報價，力爭牽制、誘導對方。

自由市場上的老練生意人，大都深諳此道。當顧客是一個精明的家庭主婦時，他們就採取先報價的技術，準備著對方來壓價；當顧客是個毛手毛腳的年輕人時，他們多半先問對方「給多少」，因為對方有可能報出一個比商販的期望值還要高的價格。這是日常生活中顧客與商販之間的談判博弈。那麼，在實際的商業談判中，一個優秀的談判者應如何讓對方先報價呢？

一個優秀的談判者在談判時很少直接逼問：「你想出什麼價？」相反，他會不動聲色地說：「我知道您是個行家，經驗豐富，根本不會出○○元的價錢，但你也不可能以○○元的價錢買到。」這些話似乎是順口說的，實際上卻是報價，片言隻語就把價格限制在一定的範圍之內。這種報價方法，既報最高價範圍，又報低價底限，「抓兩頭，議中間」，傳達出這樣的資訊：討價還價是允許的，但必須在某個範圍之內。

此外，談判雙方有時出於各自的打算，都不先報價，這時，就有必要採取「激將法」讓對方先報價。激將的辦法有很多，這裡僅僅提供一個怪招——故意說錯話，以此來套出對方的消息情報。

假如雙方繞來繞去都不肯先報價，這時，你不妨突然說一句：「噢！我知道，你一定是想付○○元！」對方此時可能會爭辯：「你憑什麼這樣說？我只願付○○元。」他這麼一辯解，實際上就先報了價，你就盡可以在此基礎上討價還價了。

同樣，我們在平時購物時，明明看中了，就是不說自己能接受的價格，而是盡可能地讓商販說出賣價，對方開出的價格往往是遠遠低於自己心裡估計的價格，這樣自己就能少花很多錢，眞正實現花最少的錢買最值得的東西。

可以說，談判博弈無論是對正式的商務談判還是日常生活中的購物談判，都是最好的指引原則。所以，要想做事成功，必須懂得談判博弈，也必須要學會做一個優秀的談判者，必須懂得一個優秀的談判者總是讓對方先報價。運用這些技巧，相信您一定能成爲一個談判高手。

（七）「厚著臉皮」地抬高起點

談判的過程就是一個互相妥協、互相讓步的過程，那麼在談判開始時，要「厚著臉皮」地抬高起點（創造空間），這樣才能在最大程度上保障自己的利益。

一次，在從台北飛往東京的一架班機上，廣播裡忽然傳出這樣的聲音：本機著陸時間將要推遲一小時。儘管廣播裡空姐的聲音柔和而動聽，但乘客們卻實在不願意聽到這個消息，但是沒辦法，他們不得不做好在飛機上多坐一個小時的心裡準備，於是乘客們一邊抱怨，一邊找出報紙和雜誌來看。然而過了不久，空姐又在悠揚的背景音樂中向乘客宣布：飛機延遲的時間將縮短半個小時。聽到這個消息，所有的乘客都十分高興，並且大大地鬆了一口氣。又過了十分鐘，乘客們又聽到空姐柔和動聽的聲音：各位乘客請注意，各位乘客請注意，告訴大家一個好消息，由於機場地勤人員的努力，本機即可著陸……聽到這個消息以後，乘客們個個喜出望外，歡呼雀躍，他們感到自己真是幸運極了。

在以上案例中，這架飛機其實是延遲了，但是乘客們表現出來的卻是滿意和慶幸，飛機延遲的事實已經被大家放在一邊了。儘管這架班機始終只是實事求是地向乘客報告最眞實的情況，但是如果把蘊含在這個案例當中的談判技巧提煉出來，那就可以歸納出一條十分重要的談判方式，即預先留出更大的談判空間。

缺少經驗的談判人員常常在談判中表現得過於「誠懇」，一坐到談判桌就把自己的最低目標或者接近於最低目標的要求提出來。這種做法實際上是沒有留出談判空間的表現，這麼做的結果只能是堵住了自己的退路，讓自己在以後的談判過程中無法採取有效的妥協藝術。

《不敗的談判技巧》一書中的一個相關案例很值得我們大家一起學習。

布朗先生在德克薩斯州經營一家X公司，二十世紀九十年代以來，一直慘澹經營，長年入不敷出，一千多名員工的薪資也一直拖欠著。儘管如此，卻不斷有員工要求加薪，不滿的情緒日益高漲。隨著員工不滿情緒的加劇，公司的業績更是每況愈下。對於X公司這樣的工作集約型工廠來說，工廠員工的薪金佔據著相當大的企業成本比重。因而，已經苦不堪言的X公司，想要爲全體員工全面加薪根本無法現實。儘管公司已經進行了多次的裁員，但爲了勉強維持公司的正常運轉，已經不可能再解雇其他員工了。那麼，身處此境的布朗先生是怎麼做的呢？他不僅沒有爲全體員工加薪，反而聲稱要全面降薪百分之三。

這個消息一下子使員工的不滿情緒完全爆發出來。員工們對遲遲不肯加薪已經普遍感到不滿，怎能容忍反而降薪呢？更多的員工失去了工作的積極性，導致整個工廠的生產效率大幅降低，幾乎處於癱瘓的狀態。儘管如此，卻很少有人提出辭職。可能是當時的經濟普遍不景氣，新工作又不容易找到的原因吧。

在這種情形下，員工們一致認爲X公司即將倒閉。此後，又過了五天時間。員工們一直關注著布朗先生的動向。布朗先生面向全體員工，使用公司內部的麥克風發表了講話：「最近五天裡，我茶飯不思，認眞地考慮了我們員工的情況。我還同公司各部門的負責人進行了商談，最後我決定放棄降薪百分之三的決定。公司將不再計畫降薪，至於如何降低企業成本，我們將尋求其他解決的途徑。」已經做好降薪百分之三準備的員工們，一下子安心下來。想必他們會認爲：「布朗先生還是會設身處地地爲我們的生活考慮的，是位不錯的社長呀。爲了社長，讓我們努力工作吧。」

案例中，員工們本來預期是加薪而布朗先生的預期則是不加薪。由於在這場無聲的談判開始的時候，布朗先生就抬高了自己的起點，給了自己一個空間。雖然在這場談判中，看起來布朗先生讓步了，但是實際上布朗先生實現了自己的預期，而員工們沒有。所以，布朗先生才眞正是這場談判的勝利者。

因此，在談判開始時，一定要虛張聲勢、抬高起點。哪怕會讓對方覺得「過分、很不合理」。既然談判一定就是要妥協和讓步的，那麼就應該提前留有讓步的餘地。合理與不合理，是沒有既定標準的，進行談判，一定要記住：抬高起點，留出空間，這樣才能成功地取得這場談判的成功。

（八）可以在小妥協中實現大目的

在現代社會，多數談判已不再是「你死我活」的，那種「把敵人從地球上抹掉」的情況少之又少。博弈術告訴我們，當人們必須長期共處時，合作和妥協往往是明智的選擇。既然難以獨立「畢其功於一役」，那麼，我們就該把目光放長遠一些。

「妥協」是雙方或多方在某種條件下達成的共識，在解決問題上，它不是最好的辦法，但在沒有更好的辦法出現之前，它卻是最好的方法，因爲它有不少的好處。

首先，它可以避免時間、精力等「資源」的繼續投入。在勝利不可得，而「資源」消耗殆盡時，妥協可以立即停止消耗，使自己有喘息、整補的機會。也許你會認爲，「強者」不需要妥協，因爲他「資源」豐富，不怕消耗。問題是，當弱者以飛蛾撲火之勢咬住你時，強者縱然得勝，也是損失不少的「慘勝」，所以強者在某種狀況下也需要妥協。

其次，可以借妥協的和平時期來扭轉對你不利的劣勢。對方提出妥協，表示他有力不從心之處，他也需要喘息，說不定他根本要放棄這場「戰爭」；如果是你提出，而他也願意接受，並且同意你所提出的條件，表示他也無心或無力繼續這場「戰爭」，否則他是不大可能放棄勝利果實的。因此，「妥協」可創造「和平」的時間和空間，而你便可以利用這段時間來引導「敵我」態勢的轉變。

再次，可以維持自己最起碼的「存在」。妥協常有附帶條件，如果你是弱者，並且主動提出妥協，那麼可能要付出相當的代價，但卻換得了「存在」。「存在」是一切的根本，沒有存在就沒有未來。也許這種附帶條件對你不公平，讓人感到屈辱，但用屈辱換來存在，換得希望，也是值得的。

在一些人眼中，妥協似乎是軟弱和不堅定的表現，似乎只有毫不妥協，方能顯示出英雄本色。但是，這種非此即彼的思維方式，實際上是認定人與人之間的關係是征服與被征服的關係，沒有任何其他的餘地。在現實生活中，人與人之間的關係逐漸由依賴與被依賴的關係，轉向相互依賴的關係。比如買東西，過去東西短缺，買家只能求著賣家。於是價格自然是鐵價不二，沒有任何商量的餘地。但現在不同了，市場經濟下所形成的買方市場，買家與賣家的關係變爲相互的依賴，使得討價還價流行開來。在這種情況下，如果不肯作出任何妥協，那只能失去自身生存與發展的機會，成爲最終的失敗者。「妥協」其實是非常務實的、通權達變的智慧，智者都懂得在恰當的時機接受別人的妥協，或向別人提出妥協，畢竟人要生存，靠的是理性，而不是意氣。

那麼何時「妥協」？怎樣「妥協」呢？要看狀況：

◆要看你的大目標何在

也就是說，你不必把資源浪費在無益的爭鬥上，能妥協就妥協，不能妥協，放棄戰鬥也無不可。但如果你爭的本就是大目標，那麼絕不可輕易妥協。

◆要看「妥協」的條件

如果你佔據優勢，當然可以提出要求，但不必把對方弄得無路可退，這不是為了道德正義，而是為了避免逼虎傷人，是有利害權衡的。如果你是提出妥協的弱勢者，且有不惜玉石俱焚的決心，相信對方會接受你的條件。

「妥協」可改變現狀，轉危為安，是戰術，也是戰略。妥協是現代社會關係中的重要謀略。在商場競爭中，一個經營者如果不懂得適當妥協，就會在盲目前進中碰壁。同樣，一個不知進退的人早晚也會嚐到失敗的苦果。

妥協並不意味著放棄原則，一味地讓步，應當區分明智的妥協和不明智的妥協。明智的妥協是一種適當的交換，為了達到主要的目標，可以在次要的目標上作適當的讓步。這種妥協並不完全是放棄原則，而是以退為進，透過適當的交換來確保自身要求的實現。相反，不明智的妥協就是缺乏適當的權衡，或是堅持了次要目標而放棄了主要目標，或是妥協的代價過高而遭受了不必要的損失。因此，明智的妥協是一種讓步的藝術，而掌握了這種高超的藝術，是現代人成功談判，取得勝利的必備素質。

能夠妥協，意味著對對方利益的尊重，意味著將對方的利益看得和自身的利益同樣的重要。在個人權利日趨平等的現代生活中，人與人之間的尊重時相互的。只有尊重他人，才能獲得他人的尊重。在談判中，於小妥協中實現大目的不僅僅是種智慧，而且是一種美德。

（九）引導對方，力爭說服對方

卡內基有一條原則，就是談判要成功，一定要設法讓對方說「對」。要做到這一點，就要靠談話中運用技巧來漸進地引導對方同意你的觀點，然後說服對方。

比如在銷售時，可以先詢問對方的情況以及期望和目標，然後詢問對方的障礙與難題，最後再詢問這些問題如果不解決會有什麼樣的後果。等到這些問題問完了、了解狀況了，最後提出自己的方法和建議。這樣就像讓一個人掉入深淵之後，再把他拉起來一樣，對方會更願意洗耳恭聽。

爲了改變對方的談判行爲，首先必須改變對方的態度。我們應從對方預先的設想、已有的信念、所需與所求等爲出發點，並推動他們向著我們的建議方向移動。

每件事情都有二面，每一次談判也都有滿足和不滿足的因素在內，雙方也都會產生一些需要克服的反對意見，談判之能否成功，最主要就在於你如何去面對反對意見，這就取決於你如何在談判中爲自己爭取到足夠的討價還價的力量，並且巧妙地運用你的力量去影響、改變對方的觀點。

張先生的妻子視力不太好，所以得給她買一支指針必須是長短針分得非常清楚的手錶才行。但現在這種手錶非常難找，他們費盡心力，總算找到了一支她能夠看得很清楚的手錶。但是，坦白地說，那塊手錶的外觀實在相當地醜陋，很可能正是這個原因，這支錶一直賣不出去，而且，它的標價為一千元，也似乎太貴了點。張先生告訴賣錶的商人說，一千元太貴了，但商人卻說這個價格非常合理，並且告訴張先生這支手錶精確到一個月只差幾秒鐘而已。張先生告訴鐘錶商時間的精確與否不很重要，為了證明給他看，張先生還拿出了他妻子的舊錶讓他看：「她戴這支二百五十元的錶已經七年了，這支錶一直是很好用的。」但是商人回答說：「噢，經過七年後，她也應該戴支名錶了。」當張先生指出這塊手錶式樣不好看時，他又反駁說：「我從來沒有見過這麼好的專門給視力不好的人設計的手錶。」最後，經過一番討價還價，他們最終以八百元的價格成交。

其實，一旦抓住了要訣，你就可以具有自己的力量，可以很圓滑地處理對方的反對意見，說服他們同意你的觀點。

當然，在和對方談判的時候，一定要讓對方知道你很清楚他的觀點。對方在談判時要做出一系列反應。首先我們必須對對方進行評價，既把他們集合起來作爲一個整體評價，也把他們分散爲一些單獨的個人進行評價。而後，我們再給對方一個刺激，這種刺激通常是以一種能吸引對方的建議的形式出現的。我們向對方提出的建議中所提到的一些好處，可以產生這種刺激作用，這會吸引他們做出一個回應。從這一點出發所進行的交換，將涉及到一種塑造對方的回應，使之朝我方觀點發展。

這種塑造過程可以透過正面強化來進行，偶爾也可以透過反面強化來進行。所謂正面強化，即當對方說的話於我方方案有利時，我們將給對方以鼓勵；而所謂反面強化，即當對方不支持我方方案時，我們就給他們設置阻力或後撤。

此外還有一點必須要注意的是，談判通常是要使別人贊同你的想法、贏得他人的配合，所以必須去訴求對方想要的東西，而不是自己想要的東西。「這就像釣魚一樣，不是用自己喜歡吃的東西當魚餌，而是要用魚喜歡的東西當魚餌。」在談判時，不要跟人家說我要什麼，而是要跟對方訴求說接受我的意見，他可以得到什麼，才能引發他的興趣、進而得到他的認同。

比如，如果你的小孩很討厭做某件事，例如吃飯，通常你罵他效果都不會太好，但是如果你能找到他心中的渴望，將他的渴望和吃飯連結在一起，往往會讓小孩眼睛一亮，把飯吃光。其實說穿了，你的要求並沒有改變，飯菜也沒有更好吃，但是你說服小孩的方式改變了，利用他想要的動機來訴求，就比較容易獲得對方的配合，達到自己的目的。

所以，談判時有時候不需要用力推銷自己，只需要在談判的過程中，從言語、行爲和思想上都不斷地引導對方，激發對方對我方的回應，成功地說服對方，就可以獲得談判的成功。

在與人談判的時候，一定要讓對方知道你很清楚他的觀點。

一家人健康養生的好幫手

你不可不知的增強免疫力
100招 NT：280

節炎康復指南
NT：270

名醫教您：生了癌怎麼吃
最有效 NT：260

你不可不知的對抗疲勞
100招 NT：280

食得安心：專家教您什麼
可以自在地吃 NT：260

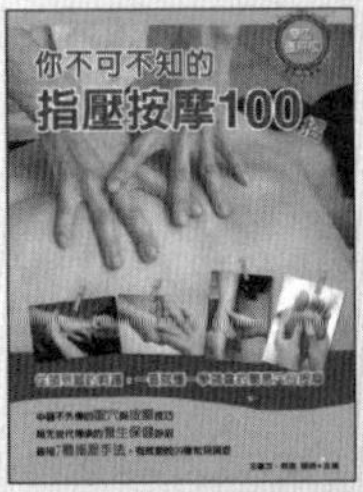

你不可不知的指壓按摩
100招 NT：280

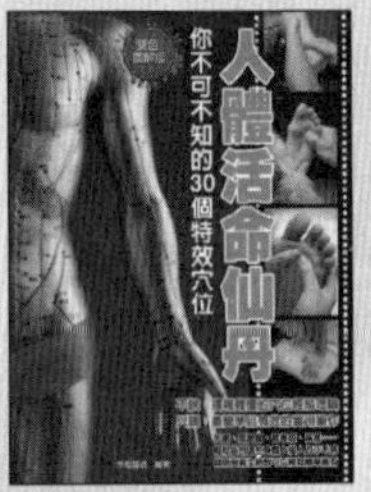

人體活命仙丹：你不可不知
的30個特效穴位 NT：280

嚴選藥方：男女老少全家兼顧
的療癒奇蹟驗方 NT：280

糖尿病自癒：簡單易懂的Q&A
完全問答240 NT：260

養肝護肝嚴選治療：中醫圖解
快速養護臟腑之源 NT：280

微妙的力量：大自然生命
療癒法則 NT：260

養腎補腎嚴選治療：中醫圖解
快速顧好生命之源 NT：280

養脾護胃嚴選治療：中醫圖解
快速養護氣血之源 NT：280

胃腸病及痔瘡的治療捷徑
NT：280

排毒養顏奇蹟：吃對喝對就能快
速梳理身上的毒素 NT：199元

很小很小的小偏方：
常見病一掃而光 NT：260

健康養生小百科系列推薦（18K完整版）

圖解特效養生36大穴
（彩色DVD）300元

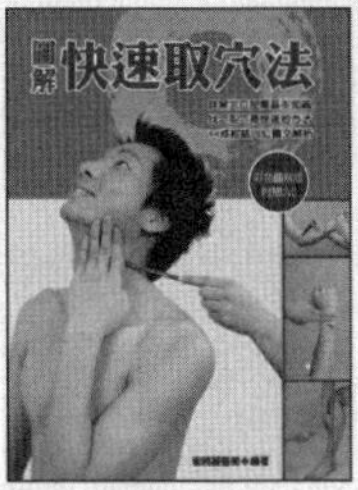

圖解快速取穴法
NT：300（附DVD）

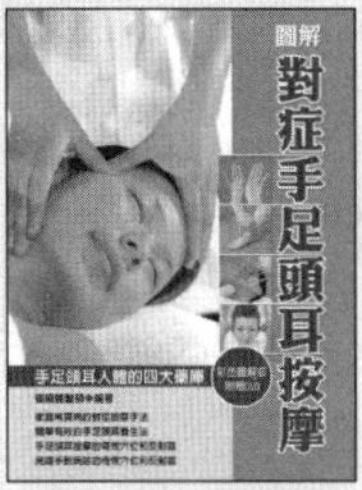

圖解對症手足頭耳按摩
NT：300（附DVD）

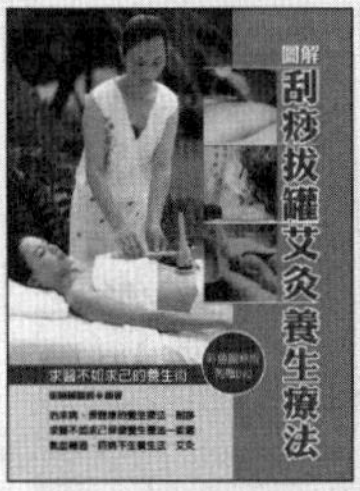

圖解刮痧拔罐艾灸養生療法
NT：300（附DVD）

一味中藥補養全家
NT：280

本草綱目食物養生圖鑑
NT：300

選對中藥養好身
NT：300

餐桌上的抗癌食品
NT：280

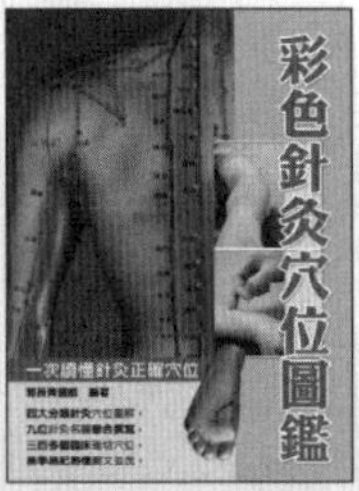

彩色針灸穴位圖鑑
NT：280

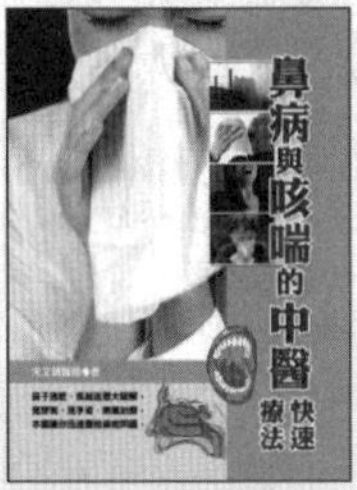

鼻病與咳喘的中醫
快速療法 NT：300

拍拍打打養五臟
NT：300

五色食物養五臟
NT：280

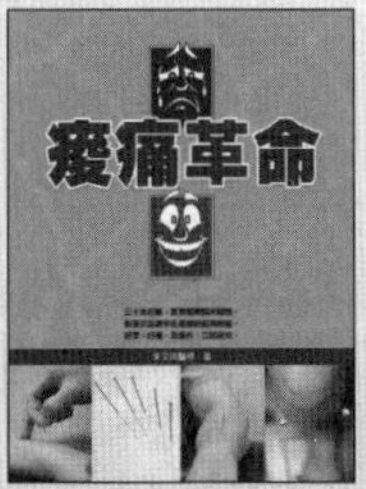

痠痛革命
NT：300

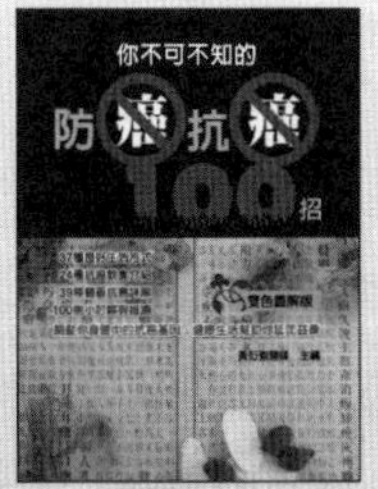

你不可不知的防癌抗癌
100招 NT：300

自我免疫系統是身體
最好的醫院 NT：270

美魔女氧生術
NT：280

每個人都要會的幽默學
NT：280

潛意識的智慧
NT：270

10天打造超強的
成功智慧
NT：280

捨得：人生是一個捨與
得的歷程，不以得喜，
不以失悲
NT：250

智慧結晶：一本書就像
一艘人生方舟
NT：260

氣場心理學：10天引爆
人生命運的潛能
NT：260

EQ：用情商的力量構築
一生的幸福
NT：230

華志文化嚴選　必屬佳作

心理勵志小百科好書推薦

全世界都在用的80個
關鍵思維NT：280

學會寬容
NT：280

用幽默化解沉默
NT：280

學會包容
NT：280

引爆潛能
NT：280

學會逆向思考
NT：280

全世界都在用的智慧
定律 NT：300

人生三思
NT：270

陌生開發心理戰
NT：270

人生三談
NT：270

全世界都在學的逆境
智商NT：280

引爆成功的資本
NT：280

NOTE

國家圖書館出版品預行編目資料

每天讀一點博弈術：事業成功將會大大的提升／李問渠作. －－初版. －－ 新北市：華志文化, 2016.02
面； 公分. －－（全方位心理叢書；14）
ISBN 978-986-5636-43-2（平裝）

1.成功法 2.博弈論

177.2 104028280

華志文化事業有限公司
系列／全方位心理叢書C314
書名／每天讀一點博弈術：事業成功將會大大的提升

作者 李問渠
執行編輯 林雅婷
美術編輯 簡郁庭
封面設計 王志強
文字校對 陳麗鳳
企劃執行 康敏才
總編輯 黃志中
社長 楊凱翔
出版者 華志文化事業有限公司
電子信箱 huachihbook@yahoo.com.tw
地址 116台北市文山區興隆路四段九十六巷三弄六號四樓
電話 02-22341779
印製排版 辰皓國際出版製作有限公司

總經銷商 旭昇圖書有限公司
地址 235新北市中和區中山路二段三五二號二樓
電話 02-22451480
傳真 02-22451479
郵政劃撥 戶名：旭昇圖書有限公司（帳號：12935041）
書號 C314

出版日期 西元二〇一六年二月初版第一刷
售價 一九九元

華志文化

華志文化

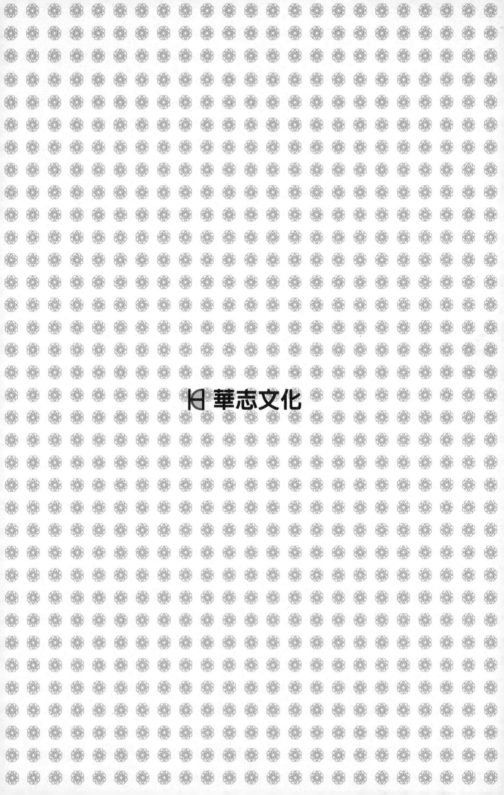